AF381726

Famille d'Accueil à Pierrefitte

35 ans d'expérience d'Assistante Familiale

en Seine-Saint-Denis

Fabienne Asiani et Sabiha El Khalfaoui

Édition : BoD – Books on Demand,
12/14 rond-point des Champs-Élysées, 75008 Paris.
Impression: BoD - Books on Demand, Norderstedt, Allemagne

ISBN : 9782322190119

Dépôt légal : Décembre 2019

Préface

Ce témoignage s'adresse en priorité aux familles d'accueil : aux hommes et aux femmes qui exercent déjà, et à celles et ceux qui souhaiteraient le faire. Il s'adresse aussi aux professionnels de l'aide sociale à l'enfance.

J'ai exercé ce métier pendant plus de trente-cinq ans. Je vais bientôt prendre ma retraite et je pense important de transmettre. J'espère que le récit de mon parcours, au sein de l'aide sociale à l'enfance, apportera un éclairage utile et lucide sur le métier : ses joies, ses difficultés.

J'ai commencé à exercer à la suite d'un concours de circonstances. Je l'ai fait avec cœur, conscience et parfois désespoir. Ce n'est pas un métier comme les autres. Il est intimement lié à la destinée ponctuellement ou longuement difficile de certaines familles et de leurs enfants qui nous sont confiés. C'est un métier de cœur, un métier difficile, qui longtemps a été mal connu, pas toujours très bien considéré, mais qui à présent a gagné ses lettres de noblesse.

Les enfants qui nous sont confiés sont toujours en souffrance. Notre travail est de les accompagner le temps nécessaire, de prendre soin d'eux, puis de les laisser partir. En somme, c'est le travail de toute mère et de tout père.

Nous sommes confrontées, nous les familles d'accueil, à la souffrance, à l'injustice, mais aussi à la solidarité car l'État prend soin des enfants qui lui sont confiés, même s'il ne le fait pas toujours bien. La solidarité collective finance l'éducation et les soins apportés à ces enfants, et c'est bien naturel. Chacun d'eux est précieux et doit le savoir.

Ce travail est à la fois dur et épanouissant, humainement riche. Dans un monde idéal, c'est aussi un métier qui ne devrait pas exister : tout parent devrait être en situation de s'occuper de ses enfants. Chacun de ces enfants devrait être entouré de professionnels bienveillants. C'est loin d'être le cas.

Je crois pourtant en ces institutions que j'ai vu évoluer ces trente-cinq dernières années, mais je sais rester lucide et vigilante. J'aurais souhaité qu'elles me soutiennent davantage à certains moments. C'est aussi le sens de ce témoignage et le message que je souhaite transmettre à mes collègues : soyez vigilantes, exigeantes, ne restez pas seules, apprenez, étudiez, connaissez vos droits et aussi ceux des enfants dont avez la charge.

Je vais bientôt prendre ma retraite, mais je continue à accueillir des enfants par conviction. Je suis loin d'être la seule, et je veux aussi, dans cet ouvrage, rendre hommage à mes collègues, hommes et femmes.

Je voudrais également remercier mes enfants (Dorsaf, Issam, Shems Edin, Samia, Julie, Fyriel) et mon mari, bien sûr, qui m'ont aidée toutes ces années. Une famille d'accueil, c'est d'abord une famille qui tout entière s'engage.

Je vois aujourd'hui de plus en plus d'hommes, de toutes origines, se former pour devenir assistant familial. Il me semble que c'est une réalité peu connue mais très importante. Accueillir des enfants et les éduquer n'est pas un métier réservé aux femmes. Les hommes y ont toute leur place. Cela me semble particulièrement vrai en ces temps troublés où bien des jeunes enfants et des adolescents manquent de repères et de pères.

Sabiha El Khalfaoui

Table des matières

Pourquoi cet ouvrage

Le département de Seine-Saint-Denis accueille de nombreux enfants placés par l'aide sociale à l'enfance (ASE). Assistantes familiales et familles d'accueil, à Pierrefitte et dans bien d'autres villes de Seine-Saint-Denis, font partie du paysage quotidien.

Il y aurait dans le 93, en 2019, 550 familles d'accueil et 1 300 enfants placés. C'est une caractéristique forte du département et la ville de Pierrefitte est très représentative de cette situation. Dans le même temps, cette réalité semble insuffisamment prise en compte par les autorités publiques. En effet, accueillir des enfants placés signifie aussi, parfois, accueillir des enfants en souffrance, qui ont besoin de soins psychiques.

À titre indicatif, le centre médico-psychologique (CMP[1]) pour enfants de la ville de Pierrefitte n'exerçait qu'à temps partiel jusqu'en 2018. Plusieurs entretiens avec des élus locaux, des représentants de l'agence régionale de santé (ARS) m'ont convaincue de l'intérêt de mettre en lumière cette réalité peu connue ou refoulée.

Psychologue clinicienne et psychothérapeute à Pierrefitte, je travaille régulièrement avec des enfants placés par l'ASE, avec leurs parents et leurs assistantes familiales. Avec cet ouvrage qui porte le témoignage de Sabiha El Khalfaoui, assistante familiale à Pierrefitte depuis plus de trente ans, nous voulons rendre hommage au travail de ces femmes et de ces hommes parfois en souffrance car le métier n'est pas facile.

Être assistante familiale, c'est être confrontée aux drames familiaux, à la détresse, à l'injustice. Par ailleurs, le métier n'est pas sans risques

---

[1] CMP : centre médico-psychologique. Pour enfants ou pour adultes, ils sont répartis par secteurs, c'est-à-dire par unités géographiques. Il existe un CMP enfants à Pierrefitte. Les CMP sont rattachés à l'hôpital.

juridiques, comme en témoigne avec beaucoup de courage et de lucidité tranquille Mme El Khalfaoui.

Le « placement » des enfants est infiltré par des idéologies qui se reflètent dans la loi, dans les décisions prises par les juges, dans le travail des différents intervenants. Ces tensions idéologiques, parfois très dogmatiques, ont des incidences fortes et concrètes sur le quotidien des enfants et des familles. Il nous semble important de les identifier et de les mettre en perspective.

Ainsi en est-il de la notion d'« intérêt supérieur de l'enfant », intérêt qui n'est pas juridiquement défini et peut se prêter à différentes interprétations en fonction de l'arrière-plan idéologique. Pour certains, l'« intérêt supérieur de l'enfant » justifie de couper les liens que celui-ci entretenait avec une précédente famille d'accueil. Pour d'autres, il exige au contraire que ces liens soient à tout prix préservés.

L'idéologie familialiste selon laquelle la place idéale de l'enfant serait forcément au sein de sa famille biologique se retrouve clairement exprimée dans la Convention internationale des droits de l'enfant (CIDE[2]). À l'inverse, la clinique de l'attachement[3] et les travaux sur les processus de parentalité[4] démontrent que les liens biologiques ne sont pas intrinsèquement bons et peuvent même se révéler parfaitement toxiques et mortifères. À tout cela s'ajoutent le vécu de

---

[2] Il s'agit d'un traité international adopté par l'assemblée générale de l'Organisation des Nations unies (ONU) en 1989. L'enfant qui était auparavant « objet de droit » est devenu, avec ce traité, « sujet de droit » (voir Annexes). Ratifiée par la France, la CIDE a introduit un nouveau concept juridique : l'« intérêt de l'enfant ».

[3] Clinique de l'attachement : voir Annexes.

[4] Processus de parentalité : la parentalité (le fait de devenir parent, père ou mère) est définie aujourd'hui comme un processus psychique, c'est-à-dire comme une aptitude qui n'est pas innée mais se construit. Elle concerne le père et la mère de l'enfant.

chaque intervenant, les positions d'autorité, les opinions qui remplacent les faits.

Pour que le lecteur puisse cheminer, il nous a paru important de reprendre ces éléments de loi, ces éléments d'usage, et de les mettre en perspective. Notre objectif est clair : avec cet ouvrage, nous souhaitons favoriser l'émancipation, l'*empowerment*[5] des assistantes familiales.

Nous souhaitons faire œuvre modeste mais utile en apportant un éclairage parfois juridique, parfois clinique, et toujours très concret, afin que les assistantes familiales puissent identifier et questionner les différentes idéologies qui sous-tendent leur pratique.

Notre pratique de psychologue clinicienne nous montre combien certaines « tatas » et certains « tontons[6] » – pour reprendre le terme utilisé pour nommer les parents d'accueil – peuvent être parfois désemparés, et en souffrance, face à leur employeur, qu'il soit public ou privé. Ils peuvent l'être aussi face aux différents intervenants de l'aide sociale à l'enfance : psychologues, éducateurs…

Il est parfois sidérant de constater combien certains professionnels du soin psychique peuvent hésiter à recadrer une assistante familiale défaillante au prétexte de « ne pas mettre en péril l'alliance thérapeutique ». Il ne me semble pas admissible qu'un enfant nécessitant des soins psychiques ne se rende pas régulièrement à ses rendez-vous en CMP, que l'assistante familiale ne l'y conduise pas et qu'elle ne soit pas très fermement recadrée.

---

[5] *Empowerment* : ce terme anglais signifie littéralement « capacité à prendre du pouvoir sur ». Dans le contexte de cet ouvrage, il s'agit de transmettre aux assistantes familiales des concepts cliniques et des informations d'ordre juridique afin de leur permettre de gagner en assurance et en légitimité face à différents interlocuteurs au sein de l'ASE, mais non exclusivement.

[6] L'assistante familiale et son conjoint sont appelés « tata » et « tonton » par l'enfant.

Tout comme il ne me semble pas adapté qu'un psychologue ou un éducateur prenne une position d'autorité face à une assistante familiale et interdise à un enfant d'écrire ou de téléphoner à son ancienne « tata ».

Tout système clos est dangereux. Pire : système clos et perversion vont de pair. C'est la raison pour laquelle il nous est apparu important de porter ce témoignage afin que chacun puisse y puiser les forces nécessaires pour continuer à bien travailler.

Bien travailler, cela signifie parfois aussi résister aux pratiques perverses et aux maltraitances institutionnelles, d'où qu'elles viennent.

L'aide sociale à l'enfance : rappel juridique

Un enfant « placé » – on dit aujourd'hui « accueilli » – vit au sein d'une famille d'accueil, mais c'est au président du conseil départemental qu'il est confié. En clair, c'est le département qui a juridiquement la responsabilité du financement et de la mise en œuvre de l'aide sociale à l'enfance.

Le territoire d'un département est divisé en secteurs, puis, au-delà de 5 000 habitants, en circonscriptions ou « unités territoriales » d'action sociale qui regroupent plusieurs secteurs. Trois services distincts, placés sous l'autorité du président du conseil départemental, sont en charge des missions de protection de l'enfance : le service départemental d'action sociale, le service de protection maternelle et infantile, et le service de l'aide sociale à l'enfance.

Assistante familiale, c'est quoi ?

Assistante familiale[7], c'est un d'abord un métier, avec des droits et des obligations. Une assistante familiale, c'est une femme qui accueille à son domicile des enfants qui lui sont confiés par l'aide sociale à l'enfance.

Les enfants peuvent être accueillis pour différentes périodes allant de quelques jours à plusieurs années, parfois de tout bébé jusqu'à leur majorité. Ils peuvent être accueillis de façon permanente, de façon séquentielle, ou en relais. Accueillir en relais, c'est accueillir pendant quelques jours à son domicile des enfants que l'on ne garde pas habituellement (le temps des vacances de l'assistante familiale habituelle ou en cas de maladie).

---

[7] La majorité de ces professionnels étant des femmes, nous avons choisi d'utiliser le terme « assistant familial » au féminin dans cet ouvrage.

Le salaire

Une assistante familiale reçoit un salaire, qu'elle accueille ou non un enfant. En fonction du nombre d'enfants accueillis – nombre qui dépend de l'agrément – le montant du salaire change. Pour les accueils continus, le salaire est établi sur une base mensuelle qui comprend :

> ➢ un forfait correspondant à la « fonction globale d'accueil ». Ce montant est indépendant du nombre de jours de présence de l'enfant. Son montant minimum mensuel est de de 50 fois le SMIC horaire ;
>
> ➢ la seconde partie de la rémunération correspond à l'accueil de chaque enfant. Elle varie donc en fonction du nombre d'enfants. Son montant est de 70 fois le SMIC par enfant accueilli. Si une famille accueille trois enfants, le montant est donc multiplié par trois.

En Seine-Saint-Denis, le site www.seinesaintdenis.fr indique :

« Le département recrute par l'intermédiaire d'un CDI. L'assistant.e familial.e devient agent contractuel de la fonction publique territoriale.

« En tant qu'agent du département, l'assistant.e familial.e doit respecter un devoir de stricte neutralité.

« Il ne peut pas choisir l'enfant accueilli, mais le bureau de l'accueil familial fait en sorte de concilier les besoins du service et les souhaits d'accueil afin de préserver au mieux l'équilibre de la famille.

« Le salaire dépend du nombre d'enfants accueillis et du département de résidence.

« En Seine-Saint-Denis, le salaire peut s'élever à :

> ➢ 1 498 euros brut pour l'accueil d'un enfant,
>
> ➢ 2 641 euros brut pour l'accueil de deux enfants,

> 3 476 euros brut pour 3 enfants.

« La reconnaissance de l'ancienneté est prise en compte dans la grille salariale.

« L'assistant.e familial.e bénéficie également d'un avantage fiscal, lié au nombre de jours et d'enfants présents au domicile. Cet avantage compense l'exercice des fonctions 24 h/24.

« À cela s'ajoute une indemnité d'entretien versée pour couvrir les besoins quotidiens de l'enfant tels que la nourriture, l'hébergement, l'hygiène corporelle, les loisirs familiaux, les déplacements de proximité liés à la vie quotidienne de l'enfant.

« Le montant de cette indemnité s'élève à :

> 15,45 euros par jour pour un enfant de moins de 3 ans ou un jeune de 12 ans et plus,
> 14,33 euros pour un enfant de 3 à 11 ans.

« L'assistant.e familial.e perçoit de plus, pour l'enfant, une allocation d'habillement, une indemnité pour la rentrée scolaire, l'argent de poche et le cadeau de fin d'année.

« Le département prend en charge les frais médicaux, les loisirs sportifs et culturels. L'assistant.e familial.e résidant en Seine-Saint-Denis bénéficie de 41 jours de congés payés annuels, pris en fonction de la situation et de l'intérêt de l'enfant et, de jours d'absence pour événements familiaux au même titre que l'ensemble des agents départementaux[8]. »

Si l'enfant présente un handicap ou une maladie, le salaire est majoré. Pour un enfant accueilli de façon continue, la majoration est de 15,5 fois le SMIC horaire par mois.

---

[8] « Devenir assistant·e familial·e, famille d'accueil : mode d'emploi », www.seinesaintdenis.fr

La notion de salaire renvoie à celle de métier et de responsabilité. Une assistante familiale fait de l'accueil son métier et l'enfant n'a pas à être reconnaissant du fait qu'on l'accueille. C'est le rôle de la collectivité de le protéger et cet accueil est financé par les impôts de chacun. Cette remarque est tout sauf anecdotique, car une assistante familiale est, avec l'enfant, au centre d'un réseau aux multiples intervenants : travailleurs sociaux, psychologues, enseignants, éducateurs, juges, et bien sûr parents.

Chacun, en fonction de la façon dont il s'est construit et de sa subjectivité, a également construit sa représentation du rôle et de la place de l'assistante familiale, des parents biologiques et de la famille d'accueil. Pour dire les choses simplement, l'assistante familiale exerce son métier au sein de sa famille, qui est définie par la loi comme « famille d'accueil », et reçoit un salaire pour son travail.

Indépendamment de leur salaire, les assistantes familiales reçoivent une indemnité d'entretien qui couvre les frais de nourriture, l'hébergement, l'hygiène corporelle, les loisirs et les déplacements de proximité. À cela vient s'ajouter une somme d'argent dédiée aux dépenses d'habillement, l'argent de poche, les fournitures scolaires, et le financement de certaines activités sportives et culturelles.

Le statut

Le statut des assistantes familiales s'est construit au fil du temps. Avec la loi du 17 mai 1977[9], la profession d'assistante maternelle est juridiquement reconnue.

La loi du 27 juin 2005[10] distingue deux professions : d'une part l'assistante maternelle qui accueille de jeunes enfants confiés par leurs parents pendant les heures de travail ; d'autre part l'assistante

---

[9] Voir Annexes.
[10] Voir Annexes.

familiale qui prend en charge, à son domicile, de façon permanente, des enfants confiés à une institution.

Les assistantes familiales sont donc reconnues comme travailleurs sociaux. Cela signifie que leur statut est composé de règles adaptées aux spécificités du métier. Ces règles peuvent déroger au droit commun du travail. Un diplôme d'État a été créé[11].

L'assistante familiale peut être recrutée par différents types d'employeurs : publics (le département) ou privés mais toujours personnes morales. Les assistantes familiales employées par le secteur public ont le statut d'agents non titulaires de la collectivité publique, du département ou de l'établissement qui les emploie.

Il est parfois compliqué de comprendre de quelle structure dépend l'enfant. Un enfant dont les parents vivent dans le 92 sera sous la responsabilité du conseil départemental du 92. C'est en effet le président du conseil départemental (anciennement appelé « conseil général ») qui est directement responsable de l'enfant placé. À l'heure où nous écrivons, il s'agit par exemple de M. Patrick Devedjian pour les enfants des Hauts-de-Seine ou de M. Stéphane Troussel pour les enfants du 93.

La clé d'entrée est a priori le lieu de résidence de l'enfant. Une assistante familiale de Pierrefitte (93) peut donc se voir confier un enfant du 92, du 95, etc. Ce n'est pas sans incidence sur les déplacements de l'enfant et de l'assistante familiale, quand il s'agit de rendre visite aux parents par exemple. Il est fréquent que les assistantes de Pierrefitte se rendent à Colombes ou à Versailles…

Avec la loi de décentralisation et la loi du 27 juillet 1983, c'est le département (et non plus l'État) qui reçoit la responsabilité de l'aide sociale à l'enfance.

---

[11] Voir Annexes.

Sabiha El Khalfaoui, « mamie tunisienne »

Sabiha El Khalfaoui est tunisienne. Elle vit avec sa famille à Pierrefitte, en Seine-Saint-Denis, depuis plus de quarante ans. À son arrivée à Pierrefitte, Sabiha vit dans le quartier des Poètes, à la limite de Sarcelles, puis sa famille déménage dans un pavillon non loin du quartier.

Sabiha a accueilli à ce jour près de cinquante enfants. Elle va bientôt prendre sa retraite. Très impliquée dans la vie de la cité, elle a été présidente d'Arc-en-Ciel[12], une association très active sur le quartier des Poètes.

La cité des Poètes, à Pierrefitte, a longtemps été une sorte d'enclave. C'est pour lutter contre la violence, pour éduquer, pour apprendre le respect et accompagner des jeunes et leurs parents en difficulté que Sabiha et sa famille ont créé cette association qui a beaucoup compté et dont tout le monde se souvient. L'association s'occupait de plus de 250 jeunes.

Comme le rappelle Denis Salas, ancien magistrat, juge des enfants et préfacier de l'ouvrage *La Cité des Poètes*, lorsque Sabiha a fondé Arc-en-Ciel, les Poètes, c'est « une "cité" de 4 500 habitants représentant 50 % des chômeurs de la ville de Pierrefitte, dominée par une violence endémique et dont 35 % de la population est née hors de France[13] ». Le collège de secteur Pablo-Neruda compte, à l'époque, 33 nationalités différentes.

La cité a fait l'objet d'un ouvrage, *La Cité des Poètes : comment créer une dynamique de quartier face à la violence ?*, coécrit par Nathalie Dollé et

---

[12] Arc-en-Ciel a été l'association la plus importante du quartier des Poètes, à Pierrefitte.

[13] Nathalie Dollé en collaboration avec Hibat Tabib, *La Cité des Poètes : comment créer une dynamique de quartier face à la violence ?*, Le Temps des cerises, 1998.

Hibat Tabib[14]. Plusieurs films – dont le très tendre et très réaliste *Nous trois ou rien* (2014) de Kheiron, enfant de Pierrefitte et fils d'Hibat – illustrent la dynamique qui s'est créée aux Poètes au fil des ans grâce à l'implication des habitants. Le joli film *La Cité rose* réalisé par Julien Abraham avec Azize Diabate Abdoulaye et Idrissa Diabaté se déroule aussi à Pierrefitte, dans le quartier.

Arc-en-Ciel, créée par Sabiha El Khalfaoui, fait ainsi partie des initiatives associatives locales pour recréer du lien social et de la solidarité. C'est, à l'époque, l'association la plus importante de la cité par le nombre de jeunes qu'elle touche. Le combat contre la violence et la notion de « respect » sont au cœur du projet. Comme le rappelle Sabiha, « nous considérons que, lorsqu'on respecte les autres, on se fait alors respecter soi-même et on en avait absolument besoin ici[15] ».

Pour les jeunes, elle monte un club de foot, participe aux entraînements. Sabiha connaît tout le monde dans le quartier. Elle tire sa légitimité de son implication et de sa proximité avec les jeunes et les moins jeunes. Sa fille aînée, Dorsaf, l'aide beaucoup.

Sabiha rend visite aux parents d'enfants en voie de décrochage, aide les uns et les autres à trouver un stage, soutient les mamans isolées, tisse et retisse inlassablement le lien entre jeunes en rupture et adultes. Son fils, Issam, donne des cours bénévolement. À l'époque où il est en prépa, et sur son temps libre, il enseigne les maths aux jeunes de la cité qui passent leur bac.

L'implication de ses enfants dans cette vie associative et dans la vie du quartier ne prendra fin que lorsqu'ils quitteront le giron familial.

Aujourd'hui, au fil des années, la cité des Poètes est totalement transformée. Une partie des logements sociaux a fait place à des

---

[14] Nathalie Dollé en collaboration avec Hibat Tabib, *La Cité des Poètes : comment créer une dynamique de quartier face à la violence ?*, op. cit.
[15] *Ibid.*

immeubles en accès à la propriété. Les champs de poiriers et de pommiers ont disparu, un très beau complexe sportif a été construit, tout comme une très belle école élémentaire. La réputation du quartier a changé, même si tous les problèmes ne sont pas réglés, loin de là.

Sabiha est incontestablement un des acteurs de cette mutation en marche.

Voici son témoignage d'assistante familiale.

La souffrance des enfants des familles d'accueil

Fabienne Asiani. – Il m'est arrivé, en travaillant avec des assistantes familiales, de constater qu'à l'intérieur du foyer, les enfants « biologiques » pouvaient être en souffrance. Je voudrais savoir si vous avez rencontré ce genre de situation, et comment on y répond, car le métier que vous exercez depuis plus de trente-quatre ans ne doit pas être évident pour vos enfants.

Sabiha El Khalfaoui. – J'ai six enfants. C'est vrai que l'aînée a parfois eu du mal à accepter le métier que je faisais. Elle avait 12 ans quand j'ai commencé. J'étais alors âgée de 34 ans. Dans la première fratrie que j'ai accueillie, la plus petite avait 2 ans, et le garçon 5 ans.

Je comprends qu'à l'époque elle n'ait pas réalisé que ce serait si prenant. Elle m'a beaucoup aidée. Elle s'occupait des devoirs des plus jeunes. C'est vrai que, d'un seul coup, elle s'est retrouvée l'aînée d'une fratrie de six enfants. J'ai toujours pu compter sur elle. Je lui ai beaucoup demandé, peut-être trop. Pour elle, aujourd'hui, je pense que je suis une grand-mère qui ne voit pas assez ses petits-enfants.

Elle aimerait que j'arrête, mais moi j'aime ce travail. Il faut bien réfléchir à l'âge que l'on a lorsqu'on accueille un enfant. Après 50 ans, accueillir un très jeune enfant c'est aussi prendre le risque de ne pas pouvoir le suivre jusqu'à l'âge adulte.

C'est tout de même curieux : quand on adopte un enfant, le conseil de famille demande l'avis de nos enfants. Pour pouvoir exercer en tant d'assistante familiale, il faut fournir des analyses médicales, le casier judiciaire de tous les membres de la famille, mais personne ne s'intéresse à l'avis des enfants.

Avec le recul, je me rends compte que c'est regrettable. Si on n'inclut pas les enfants dans la décision de devenir tous ensemble famille d'accueil, un jour ou l'autre ça peut devenir compliqué. Ce serait bien qu'un psychologue vienne à la maison, accompagné d'un éducateur, pour parler avec les enfants « biologiques » et voir s'ils vont être en rivalité ou s'ils ne sont pas complètement d'accord. Il faudrait intégrer les enfants de la famille d'accueil, non seulement lors de la prise de décision, mais aussi tout au long du travail d'accueil.

Quand j'ai parlé de ce projet de livre, ma fille a accepté de témoigner. Voici ce qu'elle m'écrit :

Chère Maman,

Tu m'as demandé de te donner mon ressenti sur ton métier et sur ce qu'il a impliqué pour notre famille. Je vais essayer de répondre à ta demande sans trop me perdre car le sujet est vaste. En fait, je ne sais pas par où commencer, alors je vais refaire le film...

J'ai 11 ans, je suis l'aînée de la famille et la vie est belle. Un jour, tu décides de garder des enfants à la journée et tu deviens assistante maternelle. C. entre dans notre vie en douceur. Puis, très vite, c'est la première confrontation avec de terribles destinées quand tu deviens assistante familiale.

N. et C. s'installent dans notre vie. Nous devenons une famille de six enfants, cela se fait du jour au lendemain, sans mode d'emploi... Je crois que pour papa et toi, c'était clair et simple. D'abord parce qu'il fallait de la continuité pour C. et, ensuite, passer de quatre à six enfants, cela semblait presque naturel.

Avec le recul, je peux dire que jusqu'à l'arrivée de V., nous ne considérions pas ton travail comme un métier.

C., que tu as ensuite adoptée, t'a très vite appelée « maman ». Avec le recul, j'aurais souhaité qu'on nous accompagne, qu'on nous explique que le mot « maman » ne peut être, même avec les plus belles raisons du monde, employé quand on est placé dans une famille d'accueil. Les professionnels qui t'entouraient auraient dû intervenir.

Je rentrais dans l'adolescence et je crois que je me suis fait mon propre mode d'emploi : je devais être équitable avec les cinq membres de la fratrie. Avec les garçons, ça a été simple. Avec les petites, dix et huit ans nous séparaient, je pense que ça a été plus compliqué.

Dans mon souci de vouloir être juste avec elles, je crois que j'ai oublié les sentiments. Ma petite sœur n'a pas reçu toute l'attention de son aînée et C. a certainement ressenti la distance affective que je me suis inconsciemment imposée. Je pourrais développer, mais il y a encore tant d'autres choses à dire...

En 1991, j'ai 18 ans. On te propose d'accueillir V., bébé né sous X. Je ne sais pas comment on t'a présenté ce placement... On ne t'a certainement pas dit : « Vous allez prendre soin d'un petit être, le chérir, l'aimer, l'adorer, et puis calmement vous allez accepter l'intolérable : qu'on vous l'arrache. » Déprime, tristesse, désespoir furent notre pénitence. Nous aussi nous nous attachons aux enfants accueillis.

1992, j'ai 20 ans et la famille se prépare à recevoir le plus beau cadeau de tous les temps et de toute la Terre. Ce petit bébé, c'est promis, on ne nous l'enlèvera pas. 1992, c'est le début de ta carrière professionnelle officielle, avec ses bons et ses douloureux moments.

Je ne veux pas parler ici de l'« histoire ». Je pense que tu es celle qui en a le plus souffert, évidemment. Je trouve personnellement admirable qu'après cette « histoire », tu aies accepté de retravailler avec l'institution qui avait été si défaillante. En plaçant chez toi trois adolescentes en difficulté, c'est le service qui a mis toute notre famille en danger.

En 2000, je m'installe en Allemagne, je vous quitte. Je suis loin de toi et je dois laisser mon bébé, ma petite sœur de 8 ans. Sans états d'âme, je peux dire que c'est le moment à partir duquel j'ai secrètement voulu que tu arrêtes de travailler.

C'est paradoxal, non ? À l'âge adulte, je deviens jalouse du temps que tu consacres à ton travail. Plus je vieillis, plus mes enfants grandissent et plus je voudrais te voir poser ton tablier. On en vient au point d'être en conflit, toi et moi.

Le manque de toi, ton indisponibilité, tes passages éclair, en urgence, les anniversaires de tes petits-enfants où tu brillais par ton absence ont nourri mon incompréhension. Aujourd'hui encore, tu es retraitée mais toujours attachée à ce métier et aux enfants que tu élèves.

Quelquefois je me demande pourquoi, de tous tes enfants, je suis la seule qui veuille tant que tu arrêtes de travailler... Parce que j'ai quitté la France ? Peut-être...

En tout cas, je suis fière de ce que toi et papa avez accompli.

Dorsaf, juillet 2019

La souffrance quand les enfants accueillis partent

Fabienne Asiani. – Il m'arrive de recevoir des familles qui me confient combien l'enfant de la famille d'accueil peut souffrir quand un enfant placé s'en va ; combien c'est brutal pour lui aussi. C'est également ce dont témoigne votre fille aînée.

Sabiha El Khalfaoui. – C'est vrai et ça peut être terrible. Chaque enfant en partant laisse sa place. Qu'il reste peu ou longtemps, il laisse un vide. Il n'est pas rare que je pleure quand un enfant part. Certains ne restent que quinze jours, mais ils laissent un grand vide. D'autres restent deux ou trois ans, mais quand ils partent ça ne nous touche pas énormément.

Je voudrais parler d'un enfant que nous avons accueilli plusieurs années et qui a laissé un très grand vide. Au tout début, quand j'ai commencé dans le métier, j'ai accueilli une fratrie. L'aîné était un garçon. Il est arrivé à l'âge de 5 ans.

À 18 ans, les enfants de l'ASE qui ont un projet de vie peuvent faire un contrat « jeune majeur » jusqu'à 21 ans. À 21 ans, il était encore dans les études (il préparait un BTS). Il est resté dans notre famille jusqu'à 24 ans. Ensuite, je lui ai trouvé un appartement à Pierrefitte, rue de Paris. Il venait souvent à la maison.

J'ai fait avec lui ce que j'aurais fait pour mes enfants. Il venait tous les jours manger à la maison. Il faisait vraiment partie de la famille.

Il n'avait que quelques mois de différence d'âge avec mon deuxième. De 5 à 21 ans, ils ont dormi dans la même chambre, sont allés à la même école, au même club de sport… Ils partageaient tout. Pour nous, quand à 24 ans il a pris son appartement, ce n'était pas un départ. C'était une question d'autonomie, il continuait à venir manger à la maison, il partait en vacances avec nous.

À 26 ans, il a rencontré une jeune fille originaire de Toulouse. Elle était venue en région parisienne pour ses études. Quand elle est retournée à Toulouse, lui, sans prévenir, il a pris ses affaires et il est parti. Au bout de deux jours, ne le voyant plus, je suis allée toquer chez lui (j'avais un double des clés).

Quand il a rencontré cette fille, il m'en a parlé. Je lui ai proposé de me la présenter. Mon fils aîné s'est marié à 26 ans. J'ai dit à Louis : « Si tu veux te marier, on fera le nécessaire. » Quand je lui ai dit ça, il a eu un petit sourire. Son amie s'appelait Christiane. Je me suis dit « Christiane » et « Khalfaoui », peut-être qu'elle trouve que ça ne va pas ensemble. Louis n'était pas maghrébin. C'était un petit blond aux yeux bleus. Il m'avait présenté toutes ses amies précédentes, mais elle, jamais.

Bref, je suis allée toquer, l'appartement était vide. Louis a d'ailleurs laissé des factures à payer, mais bon, ce n'est pas grave. Bref, il était parti. Il a même changé son numéro de téléphone. Nous sommes restés sans nouvelles plusieurs mois. Personne n'avait de nouvelles : ni sa sœur ni mon fils, personne.

Évidemment, nous nous sommes inquiétés. Nous ne portions pas le même nom, seule sa sœur pouvait faire quelque chose. Elle s'est rendue au commissariat de Stains pour demander une recherche dans l'intérêt des familles. Elle était majeure et pouvait faire la démarche.

Au bout de quelques semaines, nous avons reçu un appel nous informant qu'il n'était ni malade, ni mort, ni en prison, mais qu'il ne voulait plus rien savoir de nous. Et là, on ne peut rien faire.

Mon fils a continué à le chercher. Il était désespéré, il ne comprenait pas et répétait : « Maman, j'ai mangé avec lui, j'ai dormi dans la même chambre, c'est mon frère… »

Quelques semaines plus tard, Louis a donné des nouvelles à sa sœur. On savait où il était. Nous avons appelé son voisin qui est allé le voir. Mais Louis ne voulait rien savoir.

Au bout d'un an ou deux, il est revenu à Pierrefitte. Il est venu frapper à la porte. Nous l'avons accueilli, mais il a passé la soirée à descendre et à monter les étages. Dès que le téléphone sonnait, il quittait le séjour et montait dans sa chambre. Il est resté deux jours. C'était la rentrée scolaire. Un matin, j'ai amené les enfants à l'école et, quand je suis revenue, il n'était plus là.

Ensuite, je l'ai revu au décès de son père. Il devait avoir dans les 39 ans. Il ne nous a pas adressé la parole. Il est resté de son côté, avec sa femme ; il s'est en effet marié, il a deux enfants.

Il y a un an ou deux, il a contacté ma nièce. Moi, après son départ, surtout les trois premières années, j'étais malade, je n'étais pas bien. Il était arrivé à l'âge de 5 ans, il m'appelait « maman »… C'était vraiment très dur pour nous tous et parfaitement inexplicable. Par la suite, j'ai appris par sa sœur qu'il avait divorcé. Il appelait ma nièce pour lui dire qu'il voulait revenir mais qu'il n'osait pas. J'ai dit : « Non, je ne peux pas. »

J'avais l'impression d'avoir guéri de quelque chose et je ne voulais pas revenir en arrière pour souffrir encore s'il repartait à nouveau. Il n'a pas contacté mon fils. On n'a jamais su pourquoi. Nous sommes restés sans aucune explication. Pour l'ASE, il est parti, c'est tout. Quand même, un jeune qui est resté chez nous plus de vingt ans…

J'en ai parlé à des psychologues. À son arrivée chez moi, il était mal en point. Quand il a eu 12 ans, son éducatrice a considéré qu'il était trop attaché à nous. Ils l'ont mis au foyer de Villepinte pendant un an. C'était un garçon très nerveux et l'ASE m'a dit : « S'il reste chez vous il va finir par tout casser. » Il revenait tous les week-ends. Il est resté en internat toute une année. Après, il est revenu à la maison. Il consultait un psychologue à Villepinte. On ne m'a pas demandé si j'étais d'accord ou pas pour qu'il aille en internat. Lui, bien sûr, il ne voulait pas y aller.

Il avait des difficultés, il fallait vraiment qu'il s'accroche à l'école. Là où un enfant avait besoin d'une heure, lui il avait besoin de travailler trois ou quatre fois plus pour que ça rentre. Il s'est accroché. Il a eu son bac, puis son BTS. On ne l'a pas lâché. Il est parti sans explication.

Aujourd'hui, il a très peu de contacts avec sa sœur. Il ne veut plus de nous. On ne force personne. Mon fils n'a rien compris ; il a fait sa vie. Avec les années, le temps guérit.

Les enfants, c'est comme les adultes. Parfois on s'attache dès le premier regard, parfois le courant ne passe pas : ils sont bien traités, mais quand ils partent on ne se rend pas malades. Avec Louis, nous n'avons rien compris et beaucoup souffert. Lui aussi sans doute.

Nous devons expliquer à nos enfants : « C'est un travail, il partira. » Ce n'est pas simple.

Qu'en est-il de la rivalité avec les enfants accueillis ?

Cette jalousie, toutes les familles d'accueil y sont confrontées. C'est inévitable. Les enfants souffrent du départ de ceux avec qui ils ont grandi mais il y a aussi des rivalités. C'est naturel.

Prenons l'exemple de l'argent de poche que nous recevons pour les enfants ou les frais de vêture. Ça peut aussi créer des tensions avec nos enfants. Ce n'est pas rare qu'ils nous reprochent : « Mais pourquoi tu lui achètes des affaires, à lui ? » Il faut expliquer que c'est une allocation reçue pour l'enfant accueilli. Il ne faut pas hésiter à être très claire et parfaitement transparente : « Voilà, je te montre les papiers. Tel enfant reçoit tous les mois tant pour son argent de poche, tant pour ses frais d'entretien... »

C'est important de mettre en avant le fait que c'est notre travail d'accueillir ces enfants et que nous sommes payées pour ça. C'est comme ça aussi qu'on évite la jalousie, la rivalité. Enfin, on ne l'évite pas complètement... Il faut expliquer aux enfants que les frais de vêture ou l'argent de poche, ce n'est pas notre argent mais celui de l'enfant accueilli.

En ce qui me concerne, j'explique à l'enfant qu'il a une famille lui aussi. Ça dépend de la situation, bien sûr, car certains sont orphelins et absolument seuls au monde. Certains n'ont jamais vu leurs parents. Parfois on accueille un enfant de façon provisoire car sa famille traverse une mauvaise passe.

Le mot clé pour arriver à faire notre travail d'assistante familiale correctement, c'est « dialoguer ». Il faut dialoguer avec chacun : avec ses propres enfants, les enfants qu'on garde, son conjoint. Il faut expliquer à l'enfant qui arrive en famille d'accueil pourquoi il est là, le pourquoi du placement. Quelquefois, l'enfant ne sait même pas pourquoi il est placé, pourquoi il se retrouve au milieu de tous ces inconnus.

Vous voulez dire que parfois des enfants se retrouvent placés et que personne n'a pris ou eu le temps de leur expliquer pourquoi ?

Oui, ça arrive. Je me rappelle un enfant qui est arrivé le matin à l'école. Il y avait ce jour-là une visite médicale et le praticien a remarqué qu'il avait des traces sur le corps. Il a été immédiatement placé. Il ne comprenait rien à ce qui lui arrivait.

J'ai gardé plus de cinquante enfants. Aucune situation ne ressemble à une autre, aucune. C'est pour ça qu'on suit des formations, qu'on participe à des groupes de parole, des stages. Il est important de savoir comment se comporter avec l'enfant, de comprendre ce qui se passe en lui et en nous.

Si j'accueille un enfant que je ne comprends pas, je vais essayer de trouver une formation ou un stage qui corresponde à la situation. Ça peut être le cas lorsque la mère ou le père de l'enfant est en psychiatrie ou en prison. Il faut se former et comprendre ce que ressent l'enfant, savoir l'accueillir.

Les formations

Des formations vous sont proposées ? Sur quels thèmes, quelle durée ?

Une formation dure trois jours, voire cinq. Le dernier stage que j'ai suivi avait pour thème « Travailler avec des enfants dont les parents sont en psychiatrie » ; ça peut être aussi « Les parents absents ». L'aide sociale à l'enfance propose beaucoup de formations. Nous sommes vraiment très aidées. C'est à nous de demander une formation et c'est aussi à nous d'aller consulter un psychologue si c'est nécessaire.

J'ai dû travailler avec une psychologue pendant un an. J'accueillais un petit garçon autiste et j'étais très hésitante quant à le garder ou pas. Cette hésitation, cette indécision, n'était bonne ni pour lui ni pour moi. J'avais besoin d'être au clair avec mon désir de l'accueillir ou pas.

Je l'accueille encore aujourd'hui et ça va faire onze ans. J'ai pris cette décision avec toute ma famille, mes enfants, mon mari. C'est un choix qui engage toute la famille. Personne ne m'oblige à accueillir un enfant autiste profond. Une fois prise la décision de le garder, j'ai continué les séances pour comprendre comment travailler avec cet enfant.

Je suis allée à la PMI[16] et j'en ai parlé. Tous les jeudis, pendant un an, j'ai consulté. Ça m'a beaucoup aidée. La psychologue m'a expliqué comment jouer avec lui, comment le faire dormir…

Le rôle du conjoint

Le conjoint occupe une place importante au sein de la famille.

Vous avez raison. Je ne suis pas seulement « assistante familiale », nous sommes « famille d'accueil ». Quand on est famille d'accueil, il y a en principe un couple. Le conjoint est intégré au projet en début de recrutement, mais seulement d'un point de vue administratif.

Le mari ou le conjoint ne suit pas de formation. C'est un peu dommage. En même temps, d'un point de vue pratique, on peut se demander si le conjoint accepterait d'aller en formation sur son temps de travail – puisque nos formations se déroulent sur notre temps de travail. Si on garde des bébés, il y a une crèche sur place.

---

[16] PMI : protection maternelle et infantile. Les PMI sont gérées par le conseil départemental.

Il serait peut-être possible d'aller plus loin. Peut-être faudrait-il que nos maris puissent bénéficier d'un congé formation spécifique. C'est une vraie question.

Quand on réfléchit à l'intérêt de l'enfant, ça paraît très précieux. Cette situation d'accueil n'est peut-être pas facile non plus pour le conjoint qui devient « tonton » ?

J'ai pour habitude d'être franche et directe. Quand je suis en formation, je dis ce qui fonctionne et ce qui ne fonctionne pas. Être famille d'accueil, ce n'est pas de tout repos et ce n'est pas non plus sans risques. Je suis bien placée pour le savoir. J'essaie de faire comprendre à mes collègues qu'on marche sur des œufs sans le savoir. Il faut faire attention à plein de choses.

Pour moi, la première question est sans doute de savoir s'il est vraiment possible de mettre une barrière entre notre travail et notre cœur. Il y a des enfants qu'on garde vingt-quatre heures sur vingt-quatre pendant des années, y compris pendant les vacances. Certains enfants rentrent chez eux en fin de semaine, d'autres sont accueillis en séquentiel[17]. Si demain ces enfants rentrent définitivement chez leurs parents, je serai heureuse pour eux, à condition qu'ils partent dans de bonnes conditions. On s'attache aux enfants et ils s'attachent à nous.

Fille ou garçon, un enfant qui est resté chez moi dix ou quinze ans, comment vais-je vivre son départ ? Comment mes enfants et les autres enfants que j'accueille peuvent-ils vivre son départ ? Franchement, je ne sais pas.

J'accueille un enfant depuis douze ans. Si demain ses grands-parents, son père ou sa mère le réclament et que je suis certaine que ça va bien se passer, alors je suis apaisée. Mais, à nouveau, il faut

---

[17] En séquentiel, l'enfant peut passer une partie de la semaine en famille d'accueil et une partie chez ses parents.

que le retour se passe dans de bonnes conditions. Il faut que l'enfant soit content de partir et surtout qu'il ne soit pas rejeté par sa famille biologique. Ça arrive plus souvent qu'on ne croit.

Si l'enfant repart dans sa famille et qu'on le rejette, alors là c'est terrible…

Vous avez accueilli beaucoup d'enfants. Certains sont adultes aujourd'hui et parents à leur tour. Vous avez conservé des liens avec eux ?

Les premiers enfants que j'ai accueillis sont aujourd'hui mariés, ils ont des enfants et je les vois régulièrement. Pour leurs enfants, nous sommes « papi » et « mamie ». Très régulièrement je reçois des photos, des SMS, des messages sur Facebook… Pour moi, ce sont mes enfants. Ils ne portent pas mon nom, mais ce sont mes enfants. Quand je n'ai pas de nouvelles je m'inquiète, et quand ils n'ont pas de nouvelles de moi ils s'inquiètent. Il y a aussi des enfants que j'ai gardés plusieurs années, qui sont partis et avec lesquels je n'ai plus de contacts.

Culture et accueil

Selon les cultures, il n'est pas forcément facile de faire entrer dans son foyer un enfant de l'extérieur. Pour vous, c'est naturel d'accueillir des enfants ?

Je n'ai jamais demandé à l'éducateur ou au service d'urgence comment était l'enfant que je devais accueillir, de quelle couleur, de quelle culture. Un enfant c'est un enfant.

Au début, je me posais des tas de questions, du genre : « Je suis musulmane, l'enfant que j'accueille est chrétien : je dois lui servir du porc ou pas ? » Quand j'ai commencé j'avais 34 ans et j'ai été claire avec le service : « Écoutez, je ne vais pas cuisiner le porc, je ne le cuisinerai jamais. Mais si l'enfant a besoin d'une tranche de jambon, je la lui achèterai. » Une éducatrice de l'époque, proche de la retraite, m'a rassurée : « Qu'il mange du porc ou pas, peu importe. S'il n'en mange pas, ça ne va pas le rendre malade. »

L'autre jour, j'ai été fascinée par une petite fille que je reçois en consultation. Elle est catholique, comme elle me l'a expliqué spontanément. Sa tata est musulmane. Cette petite fille, quand elle a peur, vous savez ce qu'elle fait ? Elle fait le signe de croix et en même temps elle dit « *Allah akbar* » en mettant le Coran sous son oreiller.

Vous savez, il y a des enfants qui sont fragiles, qui n'ont pas de repères. Avec ceux-là il faut être vigilante. Le gosse arrive chez moi, il s'appelle Kevin ou Dylan, et le lendemain voilà qu'il s'est transformé en Karim ou Mohamed.

Qu'est-ce que vous voulez dire par « le lendemain il s'est transformé en Karim ou Mohamed ? »

Eh bien, il va à l'école et il explique à tout le monde : « Moi, je m'appelle Karim. » Les enfants veulent s'intégrer, s'adapter à la famille d'accueil. Dans ces cas-là, bien sûr, je parle avec lui. Je lui explique que ce n'est pas parce qu'il est Pierre, Paul ou Jacques que ça change quelque chose entre lui et moi. Le plus souvent les choses rentrent dans l'ordre.

J'ai gardé une petite de 3 ans. Quand je faisais la prière, elle prenait le foulard et venait s'installer à côté de moi. C'était comme un jeu. Elle a arrêté toute seule.

Je trouve que c'est bien...

Oui et non. Je me rappelle un jeune qui est arrivé chez moi à l'âge de 15 ans. Il ne portait pas un prénom musulman. À l'école, il a rencontré une fille qui s'appelait Fatima. Les jeunes, ils fréquentent, c'est naturel. Quand la fille lui a demandé son prénom, il lui a répondu qu'il s'appelait Mohamed. Je trouve que ce n'est pas bien.

À l'époque, il n'y avait pas de portable. Il a donné le numéro de la maison à cette jeune fille. Le téléphone a sonné, et là j'ai entendu : « Est-ce que Mohamed est là ? » Je n'ai pas compris sur le coup et j'ai répondu : « Non, il n'y a pas de Mohamed ici... »

Il pourrait s'intégrer autrement, sans vouloir changer tout de son identité en quelques jours. Chez moi, il devient Mohamed, et demain, dans une autre famille d'accueil, il va se transformer en Jonathan ? Ce sont des enfants qui n'ont pas de repères.

J'accueille des enfants depuis des années. Devant les autres ils m'appellent « maman » et je prends ce rôle-là, je l'accepte. Mais qu'un enfant décide de changer de prénom en vingt-quatre heures... je trouve que c'est le signe d'un manque de repères. Bien sûr, quand ça arrive, j'en parle à l'éducatrice et à la psychologue.

Se sentir légitime : un travail de groupe

En recevant en consultation des enfants envoyés par l'ASE, je constate que beaucoup d'assistantes familiales semblent en souffrance, ne se sentent pas tout à fait sûres d'être légitimes. Au-delà de leur mal-être, ça a un impact sur les enfants.

C'est clair, tout ce qui nous touche impacte aussi les enfants. Être famille d'accueil, c'est un travail de groupe. Les familles ont parfois un rapport particulier avec l'éducatrice. Pour elles, l'éducatrice est leur responsable. Mais ce n'est pas le cas. Il n'y a pas de rapport hiérarchique. On doit travailler en lien, bien sûr, mais c'est un travail de groupe.

C'est un point important que vous soulevez car parfois on a l'impression… d'une forme de maltraitance vis-à-vis des assistantes familiales, en particulier de la part de jeunes éducatrices.

C'est tout à fait clair et il ne faut pas hésiter à le dire. On peut parfois parler de maltraitance. Moi aussi j'ai été maltraitée.

Quand une jeune éducatrice commence à exercer, en général elle commence fort, comme si elle avait besoin de marquer son territoire, du genre : « Moi, je sais tout, je travaille mieux que les anciennes »… Mais on apprend beaucoup des anciennes, qu'elles soient éducatrices, familles d'accueil, inspectrices… On apprend beaucoup.

Il n'est pas rare qu'en raison de leur inexpérience, de leur manque de formation aussi, les jeunes éducatrices mettent en difficulté les familles d'accueil. Ensuite, c'est l'enfant qui est en difficulté et ça peut aller très loin. Tout le monde s'en mêle.

J'observe parfois des positions d'autorité et de toute-puissance.

Oui, bien des éducatrices sont dans l'autorité par rapport à la famille d'accueil. À chaque fois que j'échange avec des collègues, en réunion ou en groupe de parole, j'insiste : l'éducatrice est un partenaire, elle n'est ni ma référente ni ma responsable. C'est la référente de l'enfant.

Nous avons des responsables, bien sûr, comme l'inspectrice. C'est pour ça que lorsqu'il y a une tension avec l'éducatrice, il faut aller chercher un tiers. On le fait pour soi, on le fait aussi pour l'enfant. Il ne faut pas se laisser maltraiter.

Vous expliquez que c'est un travail de groupe. Dans le groupe vous mettez qui ? Et qui fait quoi ?

Le groupe, c'est la famille d'accueil[18], l'éducatrice, le responsable de service. En cas de difficulté avec l'éducatrice, on peut aller voir le responsable de circonscription. Et si ça ne suffit pas, l'inspectrice peut faire médiation. Pour l'enfant, ce n'est pas bon qu'il y ait des tensions.

L'éducatrice est la référente de l'enfant. Ensuite, il y a le chef de service. Dans chaque circonscription, il y a en principe un psychologue, l'éducateur ou l'éducatrice, et un chef de service.

Est-ce que les assistantes familiales sont syndiquées ?

Personnellement, je suis syndiquée. Quand j'ai été licenciée, mon syndicat m'a écoutée, on a rédigé des courriers ensemble. Ils ont toujours été là pour moi[19].

Beaucoup d'assistantes familiales semblent avoir peur de se syndiquer. Si l'employeur sait qu'elles sont syndiquées, il ne va pas vouloir les recruter.

C'est regrettable. La cotisation est proportionnelle au nombre d'enfants accueillis. C'est très important, l'aide que les syndicats apportent. C'est un conseil que je donne que celui de se syndiquer. J'en ai eu besoin au bout de plusieurs années et ils ont été là.

Il n'y a pas si longtemps, les familles d'accueil n'étaient pas très bien considérées. On parlait de « nourrices », de « nounous », avec un peu de condescendance. Aujourd'hui, nous sommes des employées du conseil général à part entière. Nous avons des syndicats, un « bu-

---

[19] Voir le chapitre « L'histoire ».

reau des assistantes familiales ». Tout a changé depuis peu, depuis 2015 en fait.

Que s'est-il passé en 2015 ?

Depuis 2015 on a le BAF, le bureau des assistantes familiales : on a des responsables, des psychologues. On peut s'adresser à eux à tout moment. C'est un grand soutien.

Le régime des vacances a changé aussi. Avant, on disposait de 41 jours de congés que l'on prenait ou pas avec l'enfant placé. Aujourd'hui, si les congés sont pris avec les enfants accueillis, il y a « déplacement » de travail. Ça ne compte pas dans les congés.

Quand la famille part sans les enfants, elle fait appel à des familles relais[20]. On peut aussi faire appel à certains membres de notre famille.

Y a-t-il une liste de ce que vous pouvez faire et ne pas faire ? Prenons un exemple : si une assistante familiale est d'accord pour que l'enfant qui lui a été confié puisse aller à l'anniversaire d'un camarade, elle peut le décider d'elle-même ou elle doit demander l'autorisation au service ?

Ça dépend si l'anniversaire se passe en journée ou pas. À l'adolescence, les enfants peuvent passer la nuit chez un ami et réciproquement. Quand la nuit est passée ailleurs, il faut demander l'autorisation au service. Pour une soirée pyjama, il faut demander l'autorisation bien sûr.

Quand j'ai signé mon contrat, en 1984, on m'a dit : « Vous ne faites ni plus ni moins qu'avec vos enfants. » Ce n'est pas parce que

---

[20] Les familles relais accueillent pour une courte durée, le temps des vacances, d'une formation ou d'un congé maladie.

l'enfant est placé par l'ASE qu'il doit avoir un traitement particulier. On fait comme pour nos enfants. C'est comme ça que je travaille.

Je sais où va mon fils de 8 ou 10 ans, je prends le numéro des parents, l'adresse. Je m'organise avec les parents de celui qui invite et j'amène l'enfant. Je fais comme j'aurais fait avec le mien. Si mon fils veut dormir chez un copain, j'en parle d'abord avec mon mari, puis je me renseigne sur les parents de celui qui invite, je fais connaissance avec eux. Avec un enfant accueilli, je fais exactement pareil. Je prends toutes les informations et ensuite j'appelle l'éducatrice. En général, le service est d'accord car le travail a été fait en amont.

Quel est le rapport d'une assistante familiale avec la maîtresse ou l'institutrice ?

Personnellement, je vois régulièrement la maîtresse. Elle me signale si ça va ou pas, si l'enfant apprend bien, s'il a des difficultés.

L'éducatrice de l'ASE peut prendre rendez-vous avec l'école, c'est son travail. On informe aussi les parents. C'est un travail de groupe, c'est une chaîne.

J'ai reçu une assistante familiale qui regrettait que la maîtresse ait fait sa chouchoute de l'enfant accueillie. Du coup, les autres étaient jaloux et, pour finir, l'enfant s'est retrouvée écartée, mise sur la touche. L'assistante familiale n'osait pas en parler directement à la maîtresse.

Bien sûr qu'il faut parler à la maîtresse, mais aussi à l'éducatrice. Elle sort avec l'enfant de temps en temps ; elle va manger avec lui. En général, les enfants aiment bien ces moments-là.

Vous savez, notre travail, c'est un échange. Il faut parler avec les collègues dans les groupes de parole. On peut aussi aller au « collectif » : c'est une association d'assistantes familiales. Il faut s'informer, poser des questions, échanger avec ses collègues. On est une famille d'accueil, on n'est pas simplement une nounou.

Certaines familles d'accueil m'ont reproché, lors d'une réunion, d'avoir créé une association, Arc-en-Ciel. Elles se demandaient où je trouvais le temps de faire tant de choses, pourquoi j'étais si impliquée dans la vie associative. J'étais invitée à la sortie d'un livre sur le quartier des Poètes, à Pierrefitte[21]. Une de mes collègues a levé la main et m'a dit : « Je ne sais pas comment vous faites, à quel moment vous faites votre travail d'assistante familiale. » Elle me reprochait de prendre le risque de ne pas bien faire mon travail parce que je sors, que j'ai d'autres activités, mais c'est tout le contraire.

Quand on sort, quand on s'intéresse à plein de choses, quand on va au sport, quand on s'amuse, on rentre à la maison de bonne humeur. Si on ne sort pas, quand l'enfant rentre le soir, on est déprimée. Il faut absolument sortir, avoir des activités.

J'ai toujours cherché à apprendre, cherché à comprendre… J'ai fait de la couture, j'ai fabriqué des jouets, j'ai fait plein de choses. Avec l'association Arc-en-Ciel, j'ai monté des cours de danse orientale « mère-fille ». À la fin de l'année, nous avons organisé un spectacle. Réussir à rapprocher des adolescentes et leur mère via la danse, ça reste pour moi une expérience extraordinaire. C'est à la fois de la transmission, du partage, un rapprochement entre les mères et les filles à un âge où les relations ne sont pas toujours simples. C'est un très bon souvenir.

C'est d'autant plus vrai que la loi autorise une assistante familiale à exercer une autre activité salariée.

« L'assistant familial remplit une fonction qui requiert d'une part la permanence de l'accueil, d'autre part une disponibilité pour ré-

---

[21] Nathalie Dollé en collaboration avec Hibat Tabib, *La Cité des Poètes : comment créer une dynamique de quartier face à la violence ?, op. cit.*

pondre aux besoins de l'enfant et participer au travail d'équipe. Une fois recruté par le département ou un établissement à caractère public, s'il souhaite exercer une autre activité salariée, il ne peut le faire qu'à condition que celle-ci ne porte pas préjudice à sa fonction d'accueil à domicile ; il doit en outre obtenir préalablement l'autorisation de son employeur. » C'est ce que dit la loi.

Que répondre aux assistantes familiales qui se demandent si elles peuvent autoriser l'enfant à appeler son ancienne famille d'accueil ? C'est le juge qui décide ou elles peuvent considérer que l'enfant en a besoin et le faire appeler ?

Non, les assistantes familiales ne peuvent pas prendre d'elles-mêmes la décision. C'est un travail d'équipe, elles ne sont pas décideuses. Si l'enfant a été retiré de sa famille d'accueil précédente, c'est qu'il y a une bonne raison. On n'enlève pas un enfant d'une famille d'accueil sans raison.

Ça peut être un départ à la retraite ?

Quand c'est un départ à la retraite ou un changement de famille d'accueil pour cause de maladie et que l'enfant était bien dans sa famille d'accueil précédente, l'éducatrice va demander d'elle-même à maintenir le contact[22]. Si elle ne le fait pas, peut-être par oubli, on

---

[22] Selon l'article L.221-1 du Code de l'action sociale et des familles : « Le service de l'aide sociale à l'enfance est un service non personnalisé du département chargé des missions suivantes : [...]

« 6° Veiller à ce que les liens d'attachement noués par l'enfant avec d'autres personnes que ses parents soient maintenus, voire développés, dans son intérêt supérieur.

« 7° Veiller à la stabilité du parcours de l'enfant confié et à l'adaptation de son statut sur le long terme.

« 8° Veiller à ce que les liens d'attachement noués par l'enfant avec ses frères et sœurs soient maintenus, dans l'intérêt de l'enfant. »

peut le lui rappeler. C'est pour ça que ce travail c'est dialoguer en permanence.

Quand l'enfant est en bas âge, je prends la responsabilité d'appeler pour lui, mais dès qu'il est en âge de se servir du téléphone, quand l'éducatrice appelle et me demande comment il va, je réponds : « Je vous le passe. » Et il dit ce qu'il veut. Il est libre de sa parole. Quand leur mère ou l'éducatrice appelle les petits, je leur dis : « Allez dans votre chambre pour discuter. »

Si l'enfant est en âge de parler et d'exprimer qu'il veut rester en contact avec son ancienne famille d'accueil, il faut lui donner le téléphone et il doit demander directement à l'éducatrice.

L'éducatrice, c'est la référente. Ce n'est pas la responsable directe ou hiérarchique de l'assistante familiale, mais la référente de l'enfant. Elle et moi, nous travaillons pour l'enfant.

Qui est votre responsable direct ?

C'est l'inspectrice.

Comment avez-vous choisi ce métier ?

Vous êtes assistante familiale depuis trente-quatre ans. Qu'est-ce qui vous a amenée à faire ce métier ? Comment l'avez-vous choisi ?

Ce métier, ce n'est pas moi qui ai spontanément décidé de le faire. C'est lui qui m'a choisie. On est venu me chercher. À l'époque, ma fille avait 2 ans et j'allais régulièrement à la PMI, comme toutes les mamans. En bas de chez moi, je voyais parfois une maman en fauteuil roulant. Elle était enceinte. Cette femme s'est adressée à la PMI pour trouver une assistante maternelle à la journée. Le médecin de PMI me l'a adressée.

C'est parti de là. J'ai fait mon agrément. J'étais alors en congé maternité. Le temps que je fasse mon agrément, cette femme avait déménagé. Dans l'immeuble d'à côté vivait une famille avec deux enfants. Le couple ne s'entendait pas. Un soir, on a sonné à ma porte. J'ai ouvert et je me suis trouvée face à deux petits enfants. Le papa se tenait à genoux. Il était accompagné de la police. Il m'a suppliée de prendre les enfants.

C'était un vendredi soir. J'ai donc accueilli les enfants, j'ai attendu samedi-dimanche. Personne ne m'a contactée. Le lundi, c'est moi qui ai appelé la PMI. Je me suis retrouvée avec la police et une machine à écrire – à l'époque c'étaient des machines à écrire ! Tout le monde a débarqué à la maison et on m'a posé la question : « Êtes-vous d'accord pour garder les enfants ?» J'ai dit oui et tout est parti de là.

Je ne regrette rien. Si c'était à refaire, je referais la même chose car, avec ce travail, j'ai aidé plein d'enfants. J'ai aidé aussi les miens en travaillant chez moi.

Vous en avez reçu, hébergé, éduqué combien ?

Une cinquantaine, si ce n'est plus. En même temps, j'ai élevé mes enfants parce que j'étais à la maison. J'étais là pour eux et pour les enfants que je gardais.

Nous sommes payées bien sûr, mais je me suis toujours dit : « Un jour, il peut m'arriver que mes enfants à moi soient placés. Je souhaite qu'ils se retrouvent chez quelqu'un qui fera attention à eux comme moi je fais attention à ceux qui me sont confiés. »

Je ne suis pas parfaite, personne n'est parfait, mais j'ai essayé de faire de mon mieux. Comme je l'ai déjà expliqué, j'ai fait ce métier par hasard, mais si c'était à refaire je le referais. Moi, j'aime rencontrer les gens, j'aime bien parler, être active, et ce travail m'a tout donné.

Recruter

Pourquoi est-il si difficile de recruter ?

Franchement, c'est une question délicate. Je connais une jeune femme qui veut devenir assistante familiale. Je lui ai expliqué en quoi consiste ce travail. Elle m'a toujours vue le faire, mais c'est vrai que les choses ont changé. Avec les années, le travail s'est professionnalisé. Pourtant je constate que le métier n'attire plus les jeunes générations. C'est difficile de recruter. Il y a aussi des refus d'agrément.

Par ailleurs, le profil de certains jeunes accueillis a changé lui aussi. Quand j'ai commencé, il n'y avait pas de mineurs isolés.

Je ne sais pas pourquoi il y a tant de refus d'agrément[23] ! Personnellement, je pense que si l'agrément est refusé, c'est qu'il y a une bonne raison. J'en suis convaincue car l'ASE a besoin de familles d'accueil.

À votre avis, il y a assez de candidatures ? On manque de familles à cause des refus ou à cause du manque de dossiers ? Ou à cause des deux ? Sait-on assez que le métier d'assistante familiale existe ?

Oui, beaucoup sont au courant. J'ai des collègues qui ont pris leur retraite et leurs enfants ont pris le relais.

---

[23] Selon l'article L.421-6 du Code de l'action sociale et des familles : « Lorsque la demande d'agrément concerne l'exercice de la profession d'assistant familial, la décision du président du conseil départemental est notifiée dans un délai de quatre mois à compter de cette demande. À défaut de notification d'une décision dans ce délai, l'agrément est réputé acquis, ce délai pouvant être prolongé de deux mois suite à une décision motivée du président du conseil départemental. »

Lors des réunions, le service nous demande régulièrement si nous connaissons des femmes ou des hommes qui souhaiteraient faire ce métier.

Vous voulez parler des risques du métier ?

Oui, car il y a des risques. Aux réunions, j'en parle. Si devant plusieurs personnes j'explique ce qui s'est passé, elles-mêmes vont en parler autour d'elles. Si j'en parle, ce n'est pas pour que les gens fuient ce métier. Au contraire, j'explique toujours combien ce métier est intéressant, mais je les informe aussi. On est dans le social, c'est un métier de cœur, mais en même temps il est important de dire la vérité : il faut faire attention.

Le courant passe… ou pas

Si vous sentez qu'il vous sera compliqué de travailler avec tel ou tel enfant, vous pouvez refuser ?

Bien sûr, et heureusement ! Un jour, le service m'a confié une petite fille de 2 ou 3 ans. Cette petite fille, je ne l'ai pas supportée. Pourtant elle mangeait bien, elle était propre, il n'y avait absolument rien à lui reprocher. Elle aussi a senti qu'avec moi le courant ne passait pas. Je l'ai gardée quelques jours, deux semaines tout au plus, mais rien à faire, entre elle et moi le courant ne passait toujours pas. Alors j'ai appelé le service.

Je leur ai dit : « Écoutez, je suis désolée, mais je ne peux pas la garder, je n'y arrive pas. » J'avais l'impression de parler d'une jeune de 13 ans. L'éducatrice a essayé de comprendre, mais je ne pouvais que lui répondre : « Je n'y arrive pas, je ne sais pas moi-même ce qui se passe. » L'éducatrice m'a remerciée de ma franchise et m'a rassurée : « Ne vous inquiétez pas, nous allons lui trouver une autre famille. »

Un autre exemple : un jour, on m'a confié un petit jeune. Pour moi, ce jeune était malade psychiquement. Il n'allait pas bien du tout. Le service m'a assuré du contraire, pensant que je me faisais des idées. Cet enfant, je l'observais et je voyais bien qu'il faisait des choses qui ne me semblaient pas normales. J'ai appelé l'éducateur et je lui ai expliqué. Il ne réagissait toujours pas.

J'ai dû prendre une décision radicale : j'ai fait son sac et nous sommes partis voir l'éducateur avec mon mari. Et là, l'éducateur ne s'adresse pas à moi, ne me demande pas ce qui s'est passé. Il regarde l'enfant et lui dit : « Mais tu dois rester sage »… et patati et patata. J'ai attendu qu'il termine son petit laïus et je suis sortie, en laissant l'enfant et le sac.

L'éducateur était sidéré. J'ai été claire avec lui et je lui ai expliqué : « Mais je vous ai dit ce qu'il a fait et vous lui parlez comme s'il avait volé un petit bonbon. Une famille d'accueil accueille des enfants qui sont maltraités et là vous me confiez un enfant qui maltraite les enfants que j'accueille. »

Il était violent, désagréable. Il jetait des affaires sur les enfants. C'est tout juste s'il n'avait pas crevé l'œil d'un petit. Tout ça, je l'avais déjà expliqué plusieurs fois à l'éducateur. Il ne m'a même pas écoutée, il s'est adressé à l'enfant. Sans vouloir entendre ni écouter ce que je lui disais. Alors j'ai posé le sac et je suis partie.

Ça faisait une semaine que j'en parlais, que je disais que cet enfant était malade, qu'il avait besoin de soins. Et l'éducateur me menace d'un blâme. Je lui ai dit : « Faites ce que vous voulez. Vous prenez vos responsabilités et moi je prends les miennes. »

Par la suite, l'inspectrice m'a donné raison. Je n'accueille pas des enfants pour qu'ils soient maltraités chez moi. J'ai appris par la suite que cet enfant avait fait plusieurs familles d'accueil et que ça n'avait pas fonctionné.

C'est un vrai sujet : comment l'enfant accueilli se comporte-t-il avec les autres ?

Chaque cas est singulier. Au début, on ne sait pas, personne ne sait. Les enfants ne s'entendent pas forcément bien : il y a de la jalousie, de la rivalité, de la haine parfois. Il faut parler.

Imaginez : on a nos enfants à la maison, on a ceux qui sont accueillis et avec lesquels ça se passe bien, et puis un jour en arrive un qui maltraite toute le monde… Ce n'est pas possible.

Oui, c'est un vrai sujet. J'ai eu en consultation une assistante familiale désespérée. Elle avait accueilli un enfant assez perturbé et elle très avait peur qu'il n'abuse sexuellement des petites filles dont elle avait la garde. Elle ne vivait plus.

Vous imaginez, elle ne dort plus ! Et après, ça peut en plus lui retomber dessus…

Il est prévu un temps d'adaptation quand on accueille un nouvel enfant ?

Non, en général, on amène l'enfant, et si ça ne fonctionne pas, l'assistante familiale appelle le service. En général, quand on parle, ça s'arrange. Il ne faut pas avoir peur de parler. Il ne faut surtout pas rester dans son coin.

Vous avez des groupes de parole ?

Oui, bien sûr, avec des éducatrices, des psychologues et d'autres familles d'accueil. Les échanges sont confidentiels. Nous sommes vraiment soutenues par le service. Entre nous aussi on s'aide.

Au BAF, on a deux familles d'accueil, deux assistantes familiales qui tiennent des permanences et se relaient toute la semaine. Elles sont payées par l'ASE. Au lieu d'avoir trois enfants, elles en ont deux et sont payées pour trois afin de pouvoir nous aider. Franchement, celle qui veut être aidée, elle trouve le soutien nécessaire.

Le diplôme

Il y a un diplôme d'assistante familiale ?

Oui. C'est un diplôme d'État[24]. Moi, je ne l'ai pas passé car je suis en fin de carrière. C'est un diplôme qui reconnaît le métier de famille d'accueil. Normalement, une assistante reçoit un agrément pour une durée de cinq ans et doit ensuite le faire renouveler. Quand on débute, il faut être agréée par la PMI, mais avec ce nouveau diplôme il n'est plus nécessaire de renouveler l'agrément tous les cinq ans.

Si une femme veut devenir assistante familiale mais loge dans un appartement trop petit, peut-elle obtenir un nouveau logement ?

Il faut déjà avoir son logement.

L'argent de poche

On peut parler de l'argent de poche ?

L'argent de poche, comme l'argent de vêture, c'est une allocation qui est virée sur le compte de l'assistante familiale tous les mois. Le montant est calculé par tranche d'âge. Les petits de 9 et 10 ans reçoivent 5,50 euros. Avant c'était un peu plus mais le montant a récemment diminué.

---

[24] Le diplôme d'État d'assistant familial (DEAF) est de niveau V, enregistré au CNCP (voir Annexes).

Les 12-13 ans reçoivent 15,50 euros. Le montant le plus élevé s'élève à 38,50 euros par mois pour les jeunes de 18 ans. À 12-13 ans, les enfants sont très vigilants. On peut dire qu'ils le réclament, leur argent de poche !

Moi, j'ai fait un petit papier avec les garçons, tout est mis par écrit. Ils savent que tous les mois ils reçoivent de l'argent. La dernière fois, ils m'ont demandé combien ils avaient dans leur tirelire. Ils voulaient aller à Toy's. Ils devaient avoir dans les 25 ou 30 euros. Ce qu'ils voulaient acheter coûtait plus que leur argent de poche. Alors, évidemment, ils m'ont demandé de leur prêter…

Ils ont une tirelire ?

Non, l'argent, c'est moi qui le garde. La tirelire, on a essayé mais on ne s'en sortait pas : « Tu m'as pris… Je t'ai pris… » Ils n'arrêtaient pas de s'accuser mutuellement.

Avec un enfant c'est gérable, mais à trois ou quatre c'est compliqué. Alors on note tous les mois. Le virement arrive vers le 28 ou le 29 du mois et je note avec eux.

Ils peuvent acheter ce qu'ils veulent avec cet argent ?

Ce qu'ils veulent. Ils y tiennent, à leur argent de poche. Quand on va faire les courses, ils veulent ceci ou cela, mais quand je leur demande : « Tu payes avec ton argent de poche ? », le plus souvent ils changent d'avis !

Pour les frais de vêture vous recevez combien ?

On reçoit une allocation chaque mois, qui varie en fonction de l'âge.

Elle vous semble suffisante ?

En frais de vêture un enfant de dix ans reçoit 40,50 euros par mois, un peu plus pour les plus âgés. Pour une paire de baskets convenable, il faut compter dans les 60 euros.

Les petits reçoivent moins de 40 euros par mois et pourtant ils usent plus que les grands : ils frappent dans n'importe quoi, ils jouent au foot.

Je n'achète pas tous les mois, j'attends, ou alors j'avance pour la rentrée scolaire, l'Aïd, Noël, etc.

Une maman dont les enfants ont été placés continue à recevoir l'aide de la CAF ?

Non, sauf s'il s'agit d'une garde séquentielle et qu'elle accueille l'enfant plusieurs jours dans la semaine.

Rivalité

L'argent que vous recevez, j'imagine que ça peut être un sujet de tensions avec certains parents.

Oui, bien sûr, et c'est pour ça que maintenant les familles d'accueil ne reçoivent plus les parents à la maison. Pour certains parents, l'argent que nous recevons pour accueillir leurs enfants est leur argent à eux.

Avec le nouveau système mis en place depuis 2015, la famille d'accueil est beaucoup mieux protégée qu'avant. Le service ne communique ni notre adresse ni notre numéro. Auparavant, les enfants voyaient leurs parents chez nous.

Certains enfants confiés à l'ASE essaient de me provoquer parfois sur le thème de l'argent : « Donne-moi du Scotch, je

peux prendre tout le Scotch que je veux parce que tu es payée pour ce Scotch. » Ils se mettent en position de clients…

Chez nous aussi c'est comme ça. Tous les enfants ne réagissent pas de la même façon. Certains ne réclament même pas leur argent de poche ; ils le prennent, bien sûr, mais ils ne considèrent pas que c'est leur argent.

D'autres disent : « Alors, il est arrivé mon argent ? – Pas encore, je te montrerai quand le papier arrivera. – Et c'est combien ce mois-ci ? – Eh bien, comme d'habitude. » Alors je pose le papier sur la table où il est écrit qui reçoit combien et ça évite les problèmes… Certains enfants ne regardent même pas ; d'autres vont vérifier au centime près.

Il y a des enfants qui peuvent exiger : « Aujourd'hui je veux du Nutella. – Non, aujourd'hui, il n'y a pas de Nutella. – Eh bien, je vais le dire à l'éducatrice. » Alors je prends le téléphone : « Vas-y, appelle l'éducatrice, dis-lui qu'il n'y a pas de Nutella. » Et ça suffit à le calmer.

Certaines collègues réagissent différemment : quand l'enfant se plaint de ne pas avoir de Nutella et menace d'appeler l'éducatrice, elles courent en acheter.

C'est vrai que parfois l'enfant fait comme si tout lui était dû et qu'on était à son service. Certains ne vont rien débarrasser, rien ranger, et refusent de participer aux travaux ménagers. Il faut savoir dire non. C'est structurant pour eux. Il faut poser des limites, mais malheureusement nos jeunes collègues acceptent parfois tout et n'importe quoi. Ce n'est pas bon. Il faut cadrer.

Prenons un enfant qui vient chez moi après être allé chez ma collègue. Le voilà qui n'arrête pas de répéter : « Mais qu'est-ce que c'est bien chez vous, je mange bien, je dors bien. Chez ma tata il n'y a rien, que du pain dur. » Moi, je lui réponds : « Écoute, tu laisses tata tranquille, tu ne dis pas de mal de tata chez moi. »

C'est vrai que certaines collègues se mettent en compétition pour que l'enfant compare et dise ensuite à l'éducatrice : « J'étais en relais chez l'autre tata, j'ai été gâté. Mais celle que j'ai, elle est zéro. » Il faut être lucide et formée : il y a certaines manipulations de la part de l'enfant. C'est pour ça qu'il faut rester vigilante.

Pour que l'enfant soit bien chez nous, pour qu'il s'adapte aux enfants qu'on garde, il faut être correcte, il faut être juste. Il faut dire oui ou non, mais il faut être directe, ne pas tourner autour du pot ou lui dire « tu as raison », « je vais essayer, je vais voir ». Il suffit de lui expliquer : « Ta tata, elle a sa façon de faire les crêpes et moi j'ai la mienne. »

Les enfants ne sont pas bêtes, ils nous testent. Si on entrebâille la porte, alors ils s'engouffrent dans la brèche.

Il faut être bien cadré psychologiquement pour faire ce travail.

Oui. Je conseille à mes collègues de consulter de temps en temps un psychologue. Il ne faut pas attendre d'être mal pour consulter.

J'ai été aidée pendant un an et je n'étais pas malade, bien au contraire. J'ai la tête sur les épaules, mais pendant un an j'ai consulté une psychologue. J'accueillais un petit garçon autiste et c'était très difficile. Pour l'aider, il fallait que je sois moi-même aidée. Toutes mes collègues ne comprennent pas cette démarche.

Vous êtes contrôlée dans votre travail ?

Oui, mais je pense que les contrôles sont insuffisants et pas toujours efficaces. Lorsque le service vient rencontrer une famille d'accueil chez elle, il avertit et prend rendez-vous. Je pense qu'il faudrait parfois toquer à la porte sans prévenir.

C'est important de ne pas toujours prévenir.

Évidemment. Quand on prévient, quand on sait qu'il va y avoir une visite, tout est rangé impeccablement. La table est couverte de bonnes choses, tout est nickel. Venez chez moi maintenant sans prévenir et vous allez voir le bazar…

Du point de vue administratif, l'enfant que vous accueillez bénéficie de la sécurité sociale de ses parents ?

Non, il a une sécurité sociale spéciale. Tous les enfants ont la CMU. Ils sont bien couverts médicalement.

Les activités

Pour les enfants de l'ASE qui vivent en foyer, tout est programmé. Ils ont un planning. Quand ils quittent le foyer et viennent en famille d'accueil, ils sont parfois un peu surpris.

Au foyer, pendant les vacances, ils vont à la tour Eiffel, au cinéma, à la piscine, à la patinoire… Tout est programmé. Le matin, il y a un grand choix de petits déjeuners…

Le foyer coûte très cher. Aussi, dès qu'il y a une place dans une famille d'accueil, on amène l'enfant et, là, parfois, les reproches commencent : « Qu'est-ce qu'on fait demain ? – Eh bien, on ne fait rien de particulier demain. – Mais au foyer on va au cinéma, à la patinoire, à la tour Eiffel… – Chez moi on fait ce qu'on peut, on est une famille. »

Bien sûr qu'on va au cinéma, mais on n'a pas un programme avec des activités tous les jours. On va rendre visite à la famille, on fait la cuisine, on fait des gâteaux, on va au parc…

Vous avez un budget cinéma ?

Non, ça rentre dans l'entretien. On a une somme allouée par jour : elle comprend la nourriture de l'enfant, les tickets de bus, le cinéma, le coiffeur, les loisirs.

Comment décide-t-on que tel enfant va vivre en famille d'accueil et tel autre en foyer ?

Je pense que ça dépend des places disponibles en foyer. Il arrive que certains soient placés en famille d'accueil, mais parfois leur comportement n'est pas acceptable, tant à notre égard que pour la sécurité des autres enfants.

Quand un enfant part de chez moi et qu'il est placé chez une autre collègue, je la préviens des éventuelles difficultés de comportement. Ça ne plaît pas à tout le monde, mais je pense que c'est important de le faire. Quand un enfant a connu plusieurs familles d'accueil et que ça ne va pas, alors on finit par le mettre en foyer.

Vous avez déjà reçu des mineurs étrangers isolés ?

Oui, j'en ai reçu deux. Un jour, le service m'appelle et me dit : « Le service voudrait vous confier un jeune garçon de 15 ans. » J'ai dit d'accord. Quand il est arrivé chez moi, j'ai tout de suite compris qu'il avait plutôt dans les 20 ans. Il était mignon, très gentil. C'était un Africain. Il est resté trois jours. Il faisait la prière, nous demandait si on mangeait bien halal.

Le lundi, comme prévu, je le conduis au service. Je le fais patienter dans la salle d'attente et je vais voir l'éducatrice. Je lui dis tout de go : « Je vous amène l'homme que vous m'avez confié. – L'homme ? – Oui, oui, l'homme… » Bon, moi, j'ai l'âge que j'ai et mon mari est à la maison. Il est à la retraite maintenant. Ce jeune, il aurait pu être placé dans une famille d'accueil sans expérience, dans une famille où le mari travaille la nuit. Ça aurait pu être très compliqué pour l'assistante familiale.

L'éducatrice part voir, revient, et elle me dit : « Mais c'est vrai, c'est un homme… Je vous montre son passeport. » Dans le passeport il était écrit qu'il avait 15 ans.

J'en ai accueilli un autre : on m'avait annoncé qu'il avait 14 ans mais je ne pense pas. Il devait avoir dans les 20 ans.

J'ai accueilli une jeune fille aussi. Le service me soutenait qu'elle avait 12 ans maximum. Moi j'en doutais un peu. Elle a pleuré quand je l'ai inscrite au collège Pablo-Neruda en cinquième. Elle m'a dit : « Je ne peux pas aller à l'école avec des petits, ce n'est pas de mon âge. » Elle était petite de taille, mais quand on lui a fait l'examen osseux il est apparu qu'elle avait plus de 18 ans[25]. Par la suite, elle est partie « sous les cocotiers » (c'était son expression à elle).

Ça me rappelle une assistante familiale que j'ai reçue récemment. Elle était complètement paniquée : elle accueillait un mineur isolé et elle avait l'impression d'avoir en face d'elle un garçon de plus de 25 ans. Des femme seules peuvent être agréées ?

Quand j'ai commencé ce travail, il fallait que je sois mariée, que j'aie au moins un enfant ou deux, que mon mari ait un emploi. Le service avait raison d'exiger ça.

Quand les familles d'accueil n'ont pas d'autres revenus, elles peuvent accepter d'accueillir des enfants même si le courant ne passe pas. Mais ce n'est bien pour personne.

---

[25] Pour déterminer l'âge des mineurs isolés en France, la justice française a recours à un examen osseux (radiographie de face de la main et du poignet gauches). Cet examen est jugé non fiable et il n'existe aucun texte encadrant strictement cette pratique. Cet examen vise à examiner les points d'ossification des doigts et la maturité osseuse. En pratique, rien n'oblige un mineur à subir ce test.

En tout cas, quand j'ai eu mon agrément, c'était comme ça. Il fallait que mon mari ait un travail et toute la famille a passé des radios des poumons. Aujourd'hui je ne connais pas précisément les conditions.

Avez-vous regardé le récent reportage[26] qui montrait que, lorsque les enfants ne sont plus accompagnés par l'ASE, beaucoup finissent à la rue ?

Oui, à 18 ans, pour certains, il n'y a plus aucun filet, avec évidemment, pour les plus fragiles, le risque de devenir délinquants ou SDF, mais il ne faut pas généraliser. Beaucoup d'enfants placés réussissent leur vie. À notre époque, c'est difficile pour tout le monde…

L'émission montrait aussi qu'il y a beaucoup d'argent dépensé, voire gaspillé, et faisait témoigner des jeunes gens de 15 ans, filles et garçons, qui vivaient en hôtel social à Paris.

Oui, c'est vrai. C'est le cas d'un jeune que j'ai gardé jusqu'à l'âge de 16 ans.

Les deux frères avaient été confiés à l'ASE en même temps. Au début je n'avais pas de place pour les deux alors le service a décidé de mettre le plus petit en foyer. Il y est resté deux ans. Par la suite j'ai pu l'accueillir. Il avait alors 10 ans et son frère aîné 12. Je les ai gardés quatre ans tous les deux, mais ça ne se passait pas bien. J'allais chercher le plus jeune au commissariat au moins deux fois par semaine. Ce n'était plus tenable. Il a dû partir. Ça a vraiment été un placement mal géré.

Je ne comprends pas. C'était une fratrie fragile. Le plus petit a été placé en foyer ; un foyer où c'était la « loi du plus fort ». Il se sentait

---

[26] Enquête de Sylvain Louvet, « Enfants placés : les sacrifiés de la République », *Pièces à conviction*, France 3, 16 janvier 2019.

déjà mal aimé. Il y avait toujours eu une différence dans l'amour que lui portait sa mère par rapport à son frère aîné. Ce placement en foyer n'a fait que renforcer son mal-être. Il a été séparé de sa mère, mais aussi de son frère. Au bout de plusieurs années, il a finalement été accueilli chez nous mais le placement n'a pas tenu.

Il n'y a pas eu assez de soutien psychologique par des professionnels. Il s'est de plus en plus renfermé et tout a commencé à aller de travers pour lui : mauvaises fréquentations, délinquance… Ça a été la dégringolade.

Nous avons fait le choix de mettre fin à son accueil. Vivre dans une famille d'accueil, c'est aussi en accepter les règles de fonctionnement. Les règles de notre maison étaient de rentrer à une heure décente, de demander la permission avant de s'absenter, de faire de son mieux pour réussir son projet scolaire ou professionnel.

Nous avons la responsabilité de faire de notre mieux pour les aider. Nous ne sommes pas un hôtel social où les enfants sont livrés à eux-mêmes.

Ensuite, il a été placé chez une jeune femme qui débutait. Quand on débute et qu'on vous confie un enfant de 15 ans, un adolescent, franchement ce n'est pas facile. Il rentrait et sortait comme il voulait. Il n'était pas cadré. Aujourd'hui, malheureusement, A. est en prison. J'ai reçu son numéro d'écrou et je lui envoie de l'argent pour cantiner.

Moi, c'est ça que je reproche à l'ASE : on confie un adolescent même si l'assistante familiale n'a aucune expérience.

Et puis un beau jour, comme ça ne se passait pas bien avec elle, ils l'ont mis dans un hôtel social. L'ASE a payé l'hôtel. Pendant plusieurs années, il a reçu l'argent en mains propres. Il recevait environ 450 euros par mois pour se nourrir et se vêtir. Il dépensait tout le jour même et après il allait chez son frère pour vider son frigo.

J'ai averti plusieurs fois le service, j'ai eu son éducatrice, je lui ai expliqué la situation. J'ai transmis, averti, mais ça n'a jamais servi à rien… À 21 ans, les jeunes sortent du dispositif. Et là, il s'est retrouvé à la rue, puis il est passé par la case prison.

Je pense que l'hôtel social est surtout un gâchis humain en plus d'être un gâchis financier. Les jeunes qui se retrouvent dans ces hôtels, sont les jeunes pour lesquels nous n'avons pas trouvé de solution, souvent des jeunes pour lesquels les choses auraient pu se passer différemment s'ils avaient bénéficié d'un meilleur suivi psychologique, d'une meilleure prise en charge.

C'est la dernière étape avant de les abandonner complètement. C'est terrible. Ça montre aussi que même en donnant le meilleur de nous-mêmes en tant que famille d'accueil, parfois ça ne suffit pas.

A. est un garçon intelligent, sensible, mais il a vécu trop de difficultés. Il était proche de mon aîné et aurait voulu aller s'installer chez lui à Marseille. Malheureusement, la situation personnelle de mon fils était trop compliquée avec son propre fils pour pouvoir donner ce coup de pouce supplémentaire à A., du moins tant qu'il n'avait pas réussi à initier un retour à un projet professionnel avec l'ASE.

Nous manquons de solutions parfois et il faut peut-être chercher d'autres voies. Je ne sais pas, peut-être que si ces jeunes dans les hôtels sociaux étaient parrainés par des personnes en réussite familiale et professionnelle, par des citoyens impliqués qui les aideraient à s'en sortir, alors ils auraient une vision différente de la vie. Ils sont les grands oubliés de l'ascenseur social.

C'est un gâchis humain et un gâchis d'argent monumental…

Bien sûr. Ils sont soit en foyer, soit chez nous, soit à partir de 16 ans dans un hôtel. Un hôtel social, franchement, c'est délabré : quand on dit « hôtel », il faut voir de quel hôtel on parle !

On les met dans un hôtel social quand il y a des problèmes dans la famille d'accueil ?

Oui, c'est ça. Ça s'est mal passé chez moi avec ce jeune. Quand j'ai averti le service, ils l'ont placé chez une collègue, et puis ensuite il y a eu l'hôtel. J'avais tenu quatre ans, mais elle qui commençait, elle ne pouvait pas tenir. On ne peut pas lui en vouloir, ce n'était pas possible.

Le film montrait que beaucoup de jeunes sortent du dispositif sans formation.

Oui, c'est vrai. Lui, il a abandonné l'école à 16 ans. Je suis allée l'inscrire à plusieurs reprises dans différents établissements. Je n'étais plus son assistante familiale, mais il a gardé mon adresse. C'est toujours moi qu'on appelle quand il lui arrive quelque chose.

J'ai été perquisitionnée plein de fois à cause de lui alors qu'il ne vit plus chez moi. Une fois on était tous à la maison ; une autre fois la police a failli sauter par-dessus le mur car le portail était fermé. Mon voisin se demandait ce qu'il se passait. Il leur a dit : « Ce jeune que vous cherchez, on le connaît, mais il est parti depuis très longtemps. »

Pour l'École de la dernière chance[27], je l'ai appelé, je lui ai dit qu'il fallait y aller, je lui ai même proposé de venir avec lui pour l'inscription. Il m'a dit : « Oui, mamie, on va y aller. » Il ne m'a jamais manqué de respect. « Oui, oui, oui, mamie. » Mais là, il est en prison et pour longtemps, pour plusieurs années. C'est un gâchis.

Quand on voit tout cet argent mal utilisé, qu'est-ce qu'on pourrait faire ? Un hôtel social coûte au minimum entre 60 et

---

[27] Ce dispositif accueille les jeunes de 16 à 25 ans en voie d'exclusion, sans emploi ni qualification. Il a pour objectif de lutter contre le décrochage scolaire. L'inscription se fait tout au long de l'année.

150 euros par jour. Ne pourrait-on pas créer des structures qui recevraient correctement les jeunes pour ces sommes-là ?

Pour les enfants autistes, c'est la même chose. Il n'y a pas assez de structures pour les enfants autistes qui sont pris en charge par l'ASE. Et comme il n'y a pas assez de structures en France, ils partent en Belgique. C'est là que va le petit garçon autiste dont j'ai déjà parlé. Il rentre chez nous un week-end par mois. Ce centre accueille 650 enfants. 99 % viennent de France.

Comment l'expliquer ?

Je travaille avec l'association Le Silence des Justes. Avant que le petit ait une place en Belgique, j'avais un petit relais avec eux. L'association les emmène en vacances. Ils prennent des enfants à la journée, les conduisent au sport, à la piscine. Ça soulage la famille parce qu'un enfant autiste c'est très prenant. On n'imagine pas à quel point. C'est vraiment très compliqué.

À un moment donné, un monsieur du Silence des Justes m'a annoncé : « On va ouvrir un lieu de vie à Sarcelles. » Il y a de ça des années… Mais le centre n'a jamais ouvert. Alors j'ai fait comme les autres. Nous avons placé le petit en Belgique. Je n'ai pas pu m'y résoudre tout de suite.

J'ai visité tant de lieux avec son éducatrice… Elle est aujourd'hui à la retraite. C'est une personne… il n'y en a pas deux comme elle : d'une gentillesse, d'un professionnalisme… On a beaucoup visité de centres, de familles thérapeutiques. On a sillonné la France entière. Toutes les deux, on faisait des trajets de dix heures en train. On est allées un peu partout. On visitait ce qu'on appelle des « lieux de vie ».

Il y a des familles, des couples, qui ouvrent des lieux de vie, mais quand j'ai vu comment c'était, j'ai dit non. La dernière famille que j'ai visitée accueillait cinq ou six enfants autistes. À l'époque, le petit avait peut-être 8 ans et on nous proposait de l'accueillir avec des jeunes de 18 ou 20 ans.

Une famille nous a fait visiter sa maison… Je ne peux pas l'oublier : l'assistante familiale nous a emmenées derrière la maison. Elle avait un terrain avec du grillage autour. Elle nous a dit : « Oui, il va jouer là », et elle nous a montré une espèce d'enclos. On mettait les enfants là comme des animaux. À l'époque, le petit mangeait de la terre, il mangeait n'importe quoi.

Quand les enfants de l'ASE sont chez nous, on a beaucoup de personnes qui nous aident, on a aussi la possibilité de mettre ces enfants dans des lieux comme les IME[28]. Mon souci pour ce petit, c'était qu'il sorte de la maison, qu'il aille à l'école. Je savais bien qu'il ne suivrait pas une vraie scolarité, mais il devait vivre comme les autres enfants. Aujourd'hui, il sort de la maison, il va à l'école, et pour moi c'est très important.

J'ai visité plusieurs lieux, l'éducatrice était toujours à l'écoute. Après la visite, en attendant le train, nous sommes allées prendre un café, et là elle m'a demandé : « Alors, qu'est-ce que vous en pensez ? » Je lui ai dit : « Non, je ne peux pas laisser mon fils ici. » Je l'appelle « mon fils » parce que pour moi c'est mon fils.

Il est donc placé en Belgique. C'est vrai que c'est loin, c'est vrai qu'on dépense de l'argent pour aller le voir et pour qu'il revienne le week-end. Mais en Belgique c'est un petit garçon qui sort le matin et qui va à l'école. Il fait de l'équitation, il va à la piscine. Il a des activités.

---

[28] Les instituts médico-éducatifs, désignés aussi par le sigle IME, sont des établissements d'accueil français qui accueillent les enfants et adolescents atteints de handicap mental présentant une déficience intellectuelle liée à des troubles neuropsychiatriques : troubles moteurs et sensoriels, troubles de la communication. Source : Wikipédia.

Vous savez, je suis tout ça de près. J'appelle pratiquement tous les jours. Au début, ça se passait un peu mal. Le petit était – il est toujours d'ailleurs – sélectif au niveau de la nourriture. En Belgique, il a maigri énormément le premier mois. Et puis, toujours avec cette éducatrice que je n'oublierai jamais, nous avons trouvé une solution. Face à la situation, un jour elle m'a proposé : « Et si vous achetiez des paquets de riz ? Vous savez, le riz précuit qu'on a juste à mettre au micro-ondes ? » Et on a sauvé ce petit avec ce riz précuit. Je lui mets plein de paquets dans sa valise. À présent, le soir, il accepte de manger des tartines. En Belgique, ce n'est pas comme chez nous : il y a un repas le midi, mais le soir ils mangent des tartines. À l'école, il ne mange pas parce qu'il est sélectif. Le soir, il ne mange que des tartines.

Vous en pensez quoi, de la Belgique ? J'entends souvent dire : « C'est inadmissible. Faute de place en France, les enfants autistes doivent quitter leur famille et partir en Belgique. » Je n'ai encore jamais visité de centre, mais vous si. Alors qu'en pensez-vous ?

Là, on vient de le changer de groupe. Il est très grand alors on le met avec des jeunes plus âgés que lui. Moi, je pensais qu'on mettait ensemble les enfants par âge, mais en fait non. C'est par rapport à la taille de l'enfant que les groupes sont constitués. Il est tellement grand pour son âge qu'ils l'ont mis avec des enfants plus âgés.

Il y a encore deux ou trois ans, le centre prenait les enfants tout petits, à partir de 3-4 ans. Les enfants y passaient toute leur vie. Maintenant ça a changé. À partir de 21 ans, ils doivent quitter l'établissement. Ils ont leur buanderie, leur boucherie, leur boulangerie, leur pâtisserie, leur coiffeur, leur dentiste… Ils ont tout sur place. C'est une ville dans la ville.

Ce centre existe depuis combien de temps ?

Moi, je le connais depuis quatre ou cinq ans. Ils viennent chercher des enfants en France. Vous savez comment je les connais ? Le petit était dans un IME à Épinay. Il faisait aussi un jour et demi par semaine à l'hôpital de jour. Je les ai rencontrés à l'hôpital de jour. Ils viennent chercher des enfants en France, ils visitent les IME, l'hôpital de jour, etc.

Pour prendre la décision de vous occuper ou pas d'un enfant autiste, vous êtes allée voir un psychologue ?

Oui, moi j'ai fait la démarche.

Quelles questions vous vous posiez ?

Je me demandais si je pourrais ou pas. Pendant un mois, j'étais entre deux. J'hésitais. Ce petit garçon, je suis allée le chercher à Villepinte. Je le redis : il mangeait de l'herbe, il mangeait de la terre…

C'était vraiment un autiste profond ?

Il ne parle pas. Comme je vous l'ai expliqué, j'ai dû m'arrêter de travailler trois ans. Ensuite, je voulais être recrutée par le placement familial[29] de Sarcelles.

---

[29] L'assistante familiale peut être recrutée par différents types d'employeurs. Ils peuvent être publics (le département) ou privés. Les assistantes familiales employées par des structures publiques ont la qualité d'agents non titulaires du département (collectivité publique) ou d'agents non titulaires de l'établissement (centre départemental de l'enfance, établissement de santé) qui les emploie.
Le secteur associatif est également présent dans le champ de la protection de l'enfance. Des services d'accueil familial d'enfants sont gérés par des associations parfois très anciennes. Des centres dits « d'accueil familial spécialisés », rattachés à des établissements médico-sociaux et habilités par l'État, reçoivent des enfants

Je les ai rencontrés et, dès le premier jour, j'ai tout mis sur la table. Je leur ai expliqué mon cas et tout ce qui s'était passé. Ils m'ont dit que peu d'assistantes familiales auraient été aussi franches. Mais moi je considère que ce qui m'est arrivé m'est arrivé. Je n'ai rien à cacher. Apparemment, j'ai bien plu au placement familial : ils m'ont embauchée tout de suite.

Je savais que le placement familial de Sarcelles ne s'occupe que d'enfants handicapés. Ils peuvent être en fauteuil roulant, dormir dans une coque. Certains sont aveugles, grands brûlés... À l'époque, ma dernière avait dans les 15 ans. Je leur ai demandé quel était le handicap de l'enfant qu'ils voulaient me confier. Et voilà qu'ils me répondent : « On ne peut pas vous le dire... » Alors je leur ai dit : « Eh bien, moi, alors, je ne peux pas le garder. »

Je voulais connaître son handicap pour ne pas le mettre dans une situation de possible rejet de ma part au bout de deux-trois jours. Un enfant rejeté, qu'il soit handicapé ou pas, il le ressent. Je n'ai pas compris la position du placement familial. Peut-être que ça a changé.

Non, je vous confirme que c'est toujours pareil. D'autres assistantes familiales me racontent la même expérience.

On ne devrait pas cacher le handicap de l'enfant. L'assistante familiale doit pouvoir en parler avec sa famille, avec ses enfants. Elle doit réfléchir et ensuite prendre sa décision. C'est quand même incroyable qu'on ne puisse pas nous dire quel est le handicap de l'enfant !

Quand la psychologue m'a annoncé : « On ne peut pas vous dire quel est le handicap de l'enfant », je lui ai répondu : « Eh bien, moi, je pense que je ne peux pas le recevoir, vis-à-vis de mes enfants. Et

---

bénéficiant d'une prise en charge en raison de leur handicap ou d'une déficience intellectuelle.

puis j'ai des escaliers. Dites-moi ce que c'est comme handicap. S'il est en fauteuil roulant, comment je vais monter les escaliers, moi ? »

Mais pourquoi ne le disent-ils pas ?

Je ne sais pas. Franchement, je n'ai jamais compris.

Par la suite, l'ASE m'a réembauchée. Au début, je ne voulais plus travailler avec eux après ce qui m'était arrivé. J'ai eu un genre d'évaluation. Tout allait bien, ils étaient d'accord pour me reprendre tout de suite. J'ai réfléchi : ou je choisis le placement familial, ou je reprends mon travail avec l'ASE et je rentre par la grande porte car je n'ai rien à me reprocher.

Maintenant, avec le recul, je me dis que j'aurais dû travailler pour le placement familial, aller jusqu'au bout et insister : « Dites-moi pourquoi vous ne voulez pas me dire le handicap. » Franchement, ce n'est pas normal. En même temps, je me disais que si je ne retournais pas à l'ASE, ce serait comme si j'avais quelque chose à me reprocher. Je voulais revenir la tête haute.

Il y a des évaluations régulières des familles d'accueil ?

J'ai été licenciée en 2002. Je suis restée trois ans sans travailler. Franchement, une histoire comme celle que nous avons vécue et que je raconterai un peu plus loin, ça détruit une famille. Mais je suis restée debout, pour tout le monde. Quand on est licenciée et qu'on revient, c'est comme pour une nouvelle embauche. On voit un psychologue, une éducatrice, on nous pose des questions pour juger si on est capable de reprendre le travail.

Ils m'ont reprise, j'ai été évaluée deux ou trois jours. Je suis retournée à l'ASE, mais à un moment j'aurais voulu travailler à moitié pour l'ASE et à moitié pour le placement familial. Apparemment, ce n'est pas possible.

Ah bon ?

Si on demande quel est le handicap de l'enfant ce n'est pas pour juger. C'est pour savoir si on est capable de s'occuper de cet enfant. C'est pour le bien de l'enfant. Au placement familial ils m'ont juste dit : « Nous allons vous confier une petite fille de 3 ans. On ne peut pas vous dire quel est son handicap. Venez la chercher et vous verrez. »

Peu après, l'ASE de Bobigny m'appelle et m'a dit : « Nous avons trois enfants pour vous, ce n'est pas une fratrie : un garçon de 3 ans, une petite de 2 ans et un bébé de 3 mois. » 3 et 2 ans, ça passe, mais à mon âge garder un bébé ce n'est plus possible. Il faut être raisonnable. Je n'ai plus l'âge ni la force. Nous avons donc accueilli les deux plus grands. Le bébé a été placé dans une autre famille.

On nous a juste expliqué que le petit garçon avait été délaissé par sa mère, que les contacts, les paroles lui avaient manqué. La mère le laissait dans le lit pendant deux-trois jours en lui collant le biberon.

Nous sommes allés le chercher au foyer de Villepinte. La petite de 2 ans était superbe ; le petit aussi mais il mangeait de la terre, de l'herbe… Quand je l'ai vu, j'ai dit : « Écoutez, je vais réfléchir. Dans deux-trois jours je vous donnerai la réponse. » Avec mon mari, nous avons repris la route pour rentrer à la maison. À mi-chemin, il me dit : « On y retourne. » Il insiste : « Appelle, s'il te plaît, ils vont le confier à quelqu'un d'autre. » J'ai appelé tout de suite et j'ai dit : « On vient le chercher. »

Nous avons gardé ce petit jusqu'à ses 8 ans, et puis nous l'avons confié à un institut spécialisé en Belgique. On l'appelle, on va le voir et il vient nous voir régulièrement.

Mon mari, aujourd'hui encore, s'occupe de ce petit. Maintenant il est plus grand que lui ! Récemment, mon mari devait rentrer en Tunisie, mais on a regardé le calendrier. Le petit revient du 1ᵉʳ au 4 de chaque mois. Eh bien, mon mari a différé son départ pour le voir. Quand le petit a dû partir en Belgique, ça a été très dur pour lui.

Quand vous appelez en Belgique, les éducatrices vous le passent même s'il ne parle pas ?

Oui, elles me le passent. Je l'entends rire, mais il ne peut pas me dire ce qui se passe alors, moi, je parle fort à l'éducatrice pour qu'il entende à travers le combiné.

Dans les lettres que j'envoie, j'encourage les éducatrices. Je leur dis que j'espère que tout va bien, je leur fais des compliments et ça se passe très bien. Il est content de revenir régulièrement à la maison, mais il est tout aussi content de repartir. Ça fait plaisir.

Il revient tous les combiens chez vous ?

Comme je le disais, une fois par mois. Au début, il venait deux ou trois fois. Mon mari ne supportait pas la séparation. Tous les quinze jours, il allait le chercher en Belgique. Il allait prendre le train à la gare du Nord, jusqu'à Valenciennes ; ensuite, il prenait un taxi.

Au début, il revenait presque chaque week-end, mais maintenant, avec le sac du petit, c'est dur. On vieillit… Le petit, il est plus grand que mon mari, mais il ne faut jamais lui lâcher la main. Il a 14 ans aujourd'hui, mais il est capable de se sauver, de courir. Il est vraiment costaud, bien plus que mon mari !

C'est compliqué de faire entrer dans sa famille un enfant autiste. C'est là aussi une décision qui engage toute la famille.

C'est vrai. Quand il est arrivé, ma fille aînée était déjà mariée. Elle vit en Allemagne aujourd'hui. Mes deux garçons étaient mariés aussi. Il n'y avait que la petite dernière qui était à la maison.

J'ai reçu la fratrie le 7 février 2007, le petit autiste et sa sœur. Ma fille avait déjà 16 ans. Elle s'est bien entendue avec lui. Mon fils, le second, venait exprès à la maison pour le voir. C'est un petit garçon adorable. Il a la joie de vivre, il rit tout le temps.

Quand il a eu 4 ans, j'ai voulu le mettre à l'école le matin. À l'époque, la directrice, c'était Mme V. Depuis, elle est partie à la retraite et franchement je ne la regrette pas. Je suis allée inscrire le petit à la mairie, puis je suis allée la voir. Je lui ai expliqué que c'était un petit garçon autiste. Elle m'a regardée, inquiète. Elle a fait un drôle de geste avec la main et elle m'a dit : « Il est comment ? » Du genre : « Physiquement, son handicap se voit ? » Je lui ai répondu : « Vous êtes déjà en train de le juger alors que vous ne l'avez même pas vu. »

Ils ne l'ont pas pris, mais ils m'ont pris la petite sœur à 2 ans et demi, pour se rattraper de cette mauvaise action je pense, pour compenser le refus du garçon. La directrice aurait pu me dire autre chose, éviter le geste qu'elle a fait avec sa main. Il n'a rien physiquement. Et quand bien même… Il est très mignon, il est beau comme un dieu.

C'était avant la loi qui fait obligation à l'école de scolariser les enfants ?

J'ai rencontré bien des professionnels, mais je pense que même aujourd'hui ça ne serait pas possible de le scolariser. Il était vraiment autiste profond. Il fallait qu'il aille en IME spécialisé. Mais à l'époque, il fallait l'inscrire à l'école, rencontrer des professionnels, un médecin scolaire. Il fallait faire toutes ces démarches pour pouvoir l'inscrire à l'IME.

Mon mari m'a dit : « On va tenir autant qu'on peut. » Vous savez, sans Benjamin, mon petit garçon autiste, j'aurais arrêté de travailler comme assistante familiale depuis longtemps. Je ne suis pas de sa famille, alors si j'arrête, je n'aurai plus aucun droit sur quoi que ce soit. Ou il faudrait qu'on le prenne en tant que « tiers digne de confiance ». « Tiers digne de confiance », c'est comme un parrainage.

Financièrement, on reçoit juste la part « entretien » pour l'enfant. Plus jeune, il m'est arrivé d'être « tiers digne de confiance ». Je savais que j'avais un salaire, mon mari aussi travaillait. Je savais que je pourrais aider l'enfant.

Aujourd'hui, si je prenais la fratrie en parrainage ou comme « tiers digne de confiance », financièrement ce serait compliqué. Vous savez, les familles d'accueil ont une petite retraite. On gagne notre vie, mais le jour où on arrête on a une petite retraite. L'ASE nous déclare au forfait. Ils ne regardent pas ce qu'on gagne, c'est un forfait.

Ça vous ennuie qu'on parle de la retraite ?

Quand on travaille, on ne gagne jamais la même chose. Les enfants ne sont pas fixes à la maison, ce n'est pas permanent. On peut faire des dépannages, des relais, c'est un forfait.

Avec ce système de forfait, la retraite n'est pas très élevée. Si je prends aujourd'hui les deux enfants en « tiers digne de confiance » ou en parrainage, je ne recevrai pas de salaire. Si j'ai envie d'envoyer la petite dans une école privée, si je veux l'habiller correctement, je ne pourrai pas lui offrir ce que je lui offre aujourd'hui.

Aujourd'hui, je ne me contente pas de ce que me donne l'ASE, je donne plus. C'est pour ça que je préfère continuer à travailler. Je veux leur donner une belle vie.

L'après-ASE

C'est vrai qu'à 18 ans beaucoup de jeunes se retrouvent à la rue. Ceux qui ont des projets sont aidés. Certains obtiennent des contrats « jeunes majeurs ». Ceux qui lâchent, ce sont des jeunes qui ne veulent plus entendre parler de personne. Les premiers que j'ai gardés jusqu'à 21 ans, je ne les ai pas lâchés. Je les ai accueillis quand ils avaient 2 ans et j'ai toujours maintenu des liens. Beaucoup de familles de Pierrefitte font comme moi.

Après leurs 21 ans, certains restent dans leur famille d'accueil. Mais beaucoup vont mal, rejettent tout et tout le monde, et après ils dégringolent vite.

J'avais beaucoup de jeunes dans mon association. Ils avaient leurs parents, mais s'ils avaient de mauvaises fréquentations et sortaient du circuit, ils se retrouvaient dans la rue, avec des problèmes de drogue.

Combien d'enfants n'ont pas de projet ? Jusqu'à quel âge faut-il les soutenir ? Parfois, c'est vrai, l'ASE ne détecte pas les besoins, mais l'ASE aide quand même beaucoup.

C'est contraignant, un suivi, il faut se déplacer tous les mercredis, c'est parfois loin. Il m'est arrivé de devoir conduire une enfant jusqu'à Villejuif chez une psychologue qui n'avait pas de salle d'attente. Je devais attendre dans un café le temps de la consultation.

L'ASE devrait parfois trouver des accompagnateurs. Mais il faut reconnaître que l'ASE ne m'a jamais dit non pour un suivi CMP ou en libéral. Quand le délai était trop long en CMP, ils payaient le psychologue libéral.

Il y a tant d'enfants, tant de situations. L'ASE essaie de faire le maximum, mais ils ne peuvent pas toujours. Ils ne peuvent pas aller à l'école à la place du jeune. L'enfant est placé, ils nous payent nous, les assistantes familiales ; ils payent ses vacances, son argent de poche, sa vêture ; ils payent l'école privée si on en fait la demande, la cantine… Mais ils ne peuvent pas aller à l'école à leur place.

Vous avez déjà eu peur de la possible mauvaise influence des enfants que vous accueillez sur vos propres enfants ?

Une fois j'ai été appelée par le service pour une jeune qui s'était retrouvée en foyer après une adoption qui s'était mal passée. La jeune avait 14 ans, elle n'était pas scolarisée, elle avait fait les quatre cent coups et moi j'avais une petite de 14 ans à la maison. Alors que faire ? C'est vrai que j'ai refusé, j'ai eu peur de l'influence de cette enfant. J'ai dit non. On protège les enfants qu'on garde.

Accueillir un enfant autiste : la réalité du quotidien

Avec Benjamin, l'enfant autiste que j'ai accueilli, je ne pouvais même pas aller me doucher. Accueillir un enfant autiste, ça engage toute la famille. S'il n'y avait pas mon mari ou un de mes enfants, je ne pouvais même pas me doucher, faire à manger. Sans être accompagnée, je ne pouvais pas sortir avec lui, je ne pouvais pas aller faire les courses. Le terme « famille d'accueil » dit bien qu'il s'agit du travail de toute la famille.

Au CMP enfants, j'ai été confrontée à des situations de familles monoparentales avec juste la maman et un enfant autiste.

Je connais une famille comme ça. Le papa est parti. C'est une petite fille qui était à l'IME Chaptal avec Benjamin. C'est rare les petites filles autistes, en général ça touche surtout les garçons.

La mère s'est retrouvée seule avec deux enfants, dont une plus âgée que la petite malade. L'aînée faisait des tas de reproches à sa mère, du genre : « Papa est parti à cause de ma sœur. » La mère était très déprimée, elle allait vraiment mal. Cette petite fille était accueillie tous les jours à l'IME. Elle terminait à 16 heures. Elle passait tout le week-end avec sa mère. Je ne sais pas comment cette maman isolée faisait pour tenir. Accueillir un enfant autiste, c'est du travail pour toute la famille.

Une fois, Benjamin devait revenir un week-end, mais j'ai dû annuler car mon mari n'était pas là. Impossible de faire face toute seule. Ce sont des enfants très costauds. Quand ils veulent quelque chose, on ne peut pas résister, ils vous poussent, vous bousculent. Quand ils atteignent l'âge de 14-15 ans, ça devient encore plus difficile.

Est-ce que les enfants accueillis ont besoin de soins psychiques, sont-ils soignés correctement en temps et en heure ?

Pour prendre l'exemple de ce petit garçon, quand il est arrivé chez moi, l'ASE n'avait pas compris qu'il était autiste. Pour eux, il était normal, il n'avait absolument rien. Il y avait juste le problème de la maman qui ne se serait pas occupée de lui.

Pour l'éducatrice, il était parfaitement normal, juste un peu en retrait. Moi, je l'ai observé pendant peut-être six mois. J'avais déjà lu le livre *Aurélien, l'enfant autiste*[30]. J'aime lire. À l'époque, je n'avais pas encore accueilli d'enfant autiste, mais le sujet m'intéressait.

Ce que j'avais lu dans ce livre, je le retrouvais chez Benjamin : je voyais ce petit garçon comme perdu, dans son monde. J'ai essayé de dialoguer avec lui et j'ai demandé à l'éducatrice qu'on fasse un bilan. Je suis restée sans bilan pendant un an. On me disait : « Mais non, il n'est pas autiste ce petit… »

Le bilan a été fait à Necker. Le jour où on a amené Benjamin, j'étais accompagnée de l'éducatrice. Il avait alors 4 ans. Le professeur m'a demandé pourquoi j'avais amené ce petit. Je lui ai expliqué que je le pensais autiste bien que l'éducatrice et la mère ne soient pas

---

[30] Marie Le Bihan, *Aurélien, l'enfant autiste*, à compte d'auteur, 2005.

d'accord avec moi. La mère expliquait qu'il avait parlé à 9 mois. À 4 ans, il ne disait pas un mot.

Je l'ai conduit chaque jour à Necker pendant deux semaines. Au bout de quinze jours, on a fait une réunion avec le professeur, l'éducatrice, les parents. Le professeur m'a à nouveau posé la question : « Madame, pouvez-vous me redire pourquoi vous amenez ce petit ? » Je lui ai expliqué que j'avais lu le livre *Aurélien, l'enfant autiste*. L'enfant décrit me faisait penser à Benjamin.

Le professeur aussi avait lu ce livre et il m'a répondu : « Vous savez, l'enfant décrit dans le livre est très différent. Ce n'est pas un autiste profond. Benjamin est autiste profond, je préfère vous dire la vérité. » Et là, j'ai regardé tout le monde. J'avais eu raison de l'avoir amené, ce petit. Il est resté à temps plein chez nous jusqu'à ses 8 ans. Ensuite nous avons trouvé une place en Belgique.

Après le bilan, j'ai frappé à toutes les portes pour lui trouver une place en institution. C'est la psychiatre du CMP de Pierrefitte que j'ai rencontrée en premier qui m'a aidée à lui trouver quelque chose.

En principe, au Raincy, il y a un internat pour les enfants comme Benjamin. Ils l'ont pris en observation une semaine, et puis ils ont dit : « Non, on ne peut pas le garder. » Ils avaient d'autres enfants autistes, mais Benjamin c'était trop lourd.

Je ne voulais pas qu'il aille en Belgique, mais le responsable du Raincy m'a dit qu'il ne pouvait pas le garder. Le centre en Belgique peut l'accueillir jusqu'à 21 ans, après il devra partir.

Vous avez constaté une évolution chez Benjamin entre le moment où il a été diagnostiqué autiste et aujourd'hui ?

Jusqu'à ses 5 ans il faisait sur lui, puis peu à peu j'ai réussi à le rendre propre. Il va aux toilettes tout seul à présent, il n'a besoin de personne.

Mais il ne s'essuie pas. Il a aujourd'hui 15 ans, mais il va s'habiller comme ça, avec son caca. J'ai tout essayé, rien à faire. Encore aujourd'hui, c'est moi qui l'essuie, sinon ça sent mauvais quand on est à la maison.

Autre évolution : quand il veut dormir, à présent il me fait comprendre qu'il veut aller au lit. Je lui demande : « Benjamin, c'est l'heure de dormir ? » S'il ne veut pas, il dit non, sinon il prend ma main et on va dans la chambre pour que je lui parle un petit peu. Je lui mets de la musique, parce qu'il adore ça, et il s'endort. Quand il veut manger, il me le fait comprendre en allant chercher son assiette. S'il veut sortir, il va chercher ses chaussures. Il est à présent capable de plein de petites choses comme ça.

Quand il est parti en Belgique, j'ai pleuré une semaine. Je l'aime, ce petit garçon. Il est plus grand que moi mais c'est mon petit garçon.

Comment avez-vous fait pour qu'il apprenne à aller aux toilettes ?

Je lui ai montré : au début, j'ai enlevé la couche. Quand il revient de Belgique, il a une couche. C'est automatique, ils mettent une couche à tous les enfants pour qu'ils ne fassent pas dans le bus. Quand il avait 4-5 ans, j'ai retiré la couche. Même s'il salit, ce n'est pas grave.

S'il veut quelque chose, il nous prend la main ou le bras et va montrer ce qu'il veut. On le comprend très bien. Moi, je me dis que le jour où il parlera, ce sera vraiment bien. Il ne parle pas. Il chantonne mais il ne parle pas.

Quand Benjamin est arrivé, mes deux aînés étaient mariés. Ma cadette avait 25 ans, elle était toujours célibataire et vivait à Paris. Il ne restait que la plus petite qui vivait avec moi. Le comportement de Benjamin n'a jamais choqué la petite ni les enfants que j'accueille.

Quand il est parti en Belgique tout le monde était effondré. Et pourtant, c'est du travail d'accueillir un enfant autiste.

En Tunisie, notre maison est grande, il peut sortir, ce n'est pas clos. Une fois, nous avons eu très peur : il était monté au troisième étage et il était assis sur le muret, les pieds dans le vide… J'ai cru que mon mari allait faire une attaque. Il se met en danger, mais il peut aussi mettre les autres enfants en danger. Ce n'est pas intentionnel, évidemment. Une fois, il a claqué la porte à plusieurs reprises sur les doigts de mon petit-fils… Une autre fois, il avait pris un couteau et le bébé de ma fille était juste à côté, dans son couffin.

Quand elle venait me voir le dimanche, on ne pouvait pas se détendre. Elle parle de « week-ends de misère » et elle a raison. Je le comprends aujourd'hui. Elle a eu peur pour ses enfants parfois. Nous ne pouvions même pas prendre un café tranquillement.

Lorsque j'ai accueilli Benjamin, je ne savais pas qu'il était autiste profond. Comment le service a-t-il pu passer à côté de ça ?

Avec les enfants en accueil provisoire, ça se passe comment ?

Un jour, une fratrie est arrivée chez moi. Leur accueil devait être provisoire mais finalement il a duré. Ces deux garçons n'étaient pas très gentils avec mon petit garçon autiste. Je ne l'ai su qu'après.

Quand je l'ai appris, ça m'a rendue malade. Ils avaient entre 14 et 16 ans. Benjamin avait dans les 6 ans. Ils le mettaient entre eux deux et le poussaient pour le faire pleurer, mais Benjamin ne pleure pas. La première fois qu'il a pleuré j'étais contente ! Il n'a jamais pleuré, il n'a jamais été malade. Quand il a été malade, j'en ai parlé avec le psychiatre de Chaptal qui m'a dit : « Réjouissez-vous, madame, c'est bon signe[31]. »

Je m'en veux terriblement de ne pas avoir vu que ces deux jeunes lui faisaient du mal. Je n'ai jamais rien remarqué de particulier : ils le

---

[31] L'enfant commence à sortir de sa tour d'ivoire, entre en contact avec les émotions.

baladaient dans la maison sur leur dos, ils jouaient avec lui. C'est bien après que j'ai appris qu'ils l'avaient maltraité.

Vous l'avez appris comment ?

Quand ils sont partis, Samuel m'a dit : « Eh bien, tant mieux qu'ils soient partis ! Ils n'ont pas voulu que je te le dise, mais ils ont maltraité Benjamin. » J'étais fâchée contre Samuel. Quand je l'ai appris, j'étais très mal. On accueille les enfants parce qu'ils sont maltraités, et voilà qu'en plus ils se font maltraiter chez nous.

Maintenant je suis très vigilante, dès que je perçois que l'un d'entre eux maltraite les autres, il part. Les deux enfants que j'ai eus en accueil provisoire n'ont pas maltraité les autres enfants : ils ont précisément choisi celui qui était fragile.

Comment vous expliquez le manque de familles d'accueil ?

À l'ASE du 93, on compte beaucoup de familles d'accueil maghrébines. Quand j'ai commencé ce travail, je trouvais que c'était bien de s'occuper de ses enfants et en même temps d'en accueillir d'autres.

C'est un travail qui occupe vingt-quatre heures sur vingt-quatre. Les nouvelles générations ne veulent plus le faire. C'est trop prenant. On demande beaucoup à une famille d'accueil. Si l'assistante familiale accueille un enfant et atteint l'âge de la retraite, elle peut continuer avec lui jusqu'à ses 18 ans.

Eh bien, malgré tout, ça ne se renouvelle pas. Les familles sont âgées et ne se renouvellent pas. Le département est en déficit d'assistantes familiales. L'âge limite pour être recrutée est passé de 55 à 57 ans, et la retraite de 65 à 67 ans.

Il y a aussi beaucoup de demandes refusées. Le métier est bien connu sur le 93. Dans les écoles de Pierrefitte, de nombreux enfants placés sont scolarisés et ils parlent entre eux. Les « tatas » et les « tontons » se connaissent.

Le métier n'est pas attractif comme il a pu l'être à une certaine période. Mon mari était très présent et il m'a toujours soutenue. On court tout le temps. On se repose quand l'enfant dort. Il y a l'école, le collège, le lycée, le sport... Quand les enfants étaient petits, j'étais toujours en jogging et en baskets ! C'est un travail qui vous occupe du matin au soir : on se lève avant les enfants pour se doucher, préparer le petit déjeuner, vérifier les cartables... Les jeunes, aujourd'hui, veulent leurs week-ends, pouvoir sortir le soir.

Et puis ce métier a des retentissements sur le couple : il faut qu'il soit solide, qu'il communique beaucoup, qu'il ait choisi à deux d'être famille d'accueil. C'est une décision commune.

Il faut parler aussi de l'histoire qui m'est arrivée. C'est un beau métier mais difficile, et parfois douloureux, risqué.

L'« histoire »

Il y a donc des risques dans ce métier ?

Ah, oui alors ! Vous savez, les enfants sont gentils la plupart du temps. Ils s'attachent à leur famille d'accueil et nous aussi on s'attache. Mais dès que la famille a un souci avec un enfant et lui dit « stop », il le prend mal. Il peut vouloir se venger et accuser la famille d'accueil de n'importe quoi. Il faut le savoir et rester lucide. L'enfant peut se plaindre et dire au service : « Je n'ai pas mangé », « Elle m'a frappé ». Ça peut aller jusqu'à être accusée de maltraitance, d'attouchements...

Quand un membre de ma famille a été accusé d'attouchements, chacun a ouvert le parapluie. Il n'y avait plus personne : c'était chacun pour soi. Pourtant c'est bien le service de l'ASE qui m'avait mise en difficulté. Ils m'avaient confié plusieurs adolescentes de même profil psychologique. Pendant plusieurs mois, j'ai essayé d'expliquer les difficultés que je rencontrais, de dire que ça n'allait pas, que ça finirait mal. L'éducatrice n'a jamais réagi face aux difficultés que j'exposais, mais le jour où le problème est arrivé, il n'y avait plus personne ! Je me suis retrouvée seule. Franchement, quand j'y repense, jamais je n'aurais imaginé que ça puisse aller jusque-là.

Certains enfants restent avec nous plusieurs années, grandissent avec nous. On part en vacances ensemble ; ils s'attachent à nous. Je me rappelle une adolescente que j'accueillais. Elle était contente quand je la grondais : elle le demandait, le recherchait. En fait, je crois que ça la rassurait d'être cadrée. Quand elle rentrait tard de l'école, si je ne lui disais rien, elle pensait que j'étais fâchée. Ça la mettait dans tous ses états : « Tata, gronde-moi, fais ce que tu veux mais ne me fais pas la tête. » Ceux-là, par amour, si on leur dit « non, stop », ils peuvent nous mettre en difficulté. Il faut se méfier. Je vous assure, ils nous mettent en difficulté par amour.

Les deux premiers que j'ai accueillis sont devenus mes enfants. Je ne les ai pas adoptés mais ce sont mes enfants de cœur. Je les ai eus tout petits et moi aussi j'étais très jeune. Quand un adolescent arrive en famille d'accueil, il a déjà son bagage sur le dos, ses problèmes.

Être professionnelle, c'est aussi savoir dire non au service quand c'est nécessaire. C'est très important de dire non. Quand on est jeune, sans expérience, on dit oui à tout ce que demande le service. Je ne sais pas pourquoi : on a peur d'être mal jugée.

Dire oui à tout, c'est dire oui à quoi ?

Eh bien, par exemple, on est agréée pour deux enfants. Le service me propose d'accueillir trois ou quatre enfants et je vais dire oui. Et je reçois et je reçois, et ça se passe mal. Les difficultés commencent. Je peux accueillir deux ou trois enfants, pas plus.

Souvent on accepte de recevoir plus d'enfants qu'on ne le peut. On ne le fait pas pour l'argent, mais parce que l'éducatrice nous le demande. Depuis l'histoire qui m'est arrivée – et dont je me suis relevée, bien sûr –, je dis non. Quand vous êtes debout, tout le monde est avec vous, mais quand vous êtes par terre on vous écrase. Je suis restée debout, j'ai tenu. Et quand j'ai repris mon travail au bout de trois ans, j'ai appris à dire non et à dire non très fort. Et ça m'a énormément aidée.

Qu'est-ce qui vous est arrivé ?

C'est encore trop dur pour moi d'en parler, alors j'ai préféré le mettre par écrit :

Jusque-là tout va bien... et puis un matin ça vous tombe dessus d'un coup, comme la foudre.

Un jour on se lève, comme tous les jours, pour faire son travail, et soudain on reçoit un appel du service : « Les trois jeunes filles que vous accueillez sont dans mon bureau, venez au plus vite, c'est urgent. » Bien sûr, on ne comprend rien jusqu'au moment où on nous annonce la mauvaise nouvelle ; et là, tout s'effondre, la vie s'arrête.

Les trois jeunes filles ont parlé d'attouchements. Une accusation grave est portée sur un membre proche de ma famille. La vie s'arrête. On se demande : « Mais comment je vais annoncer ça à ma famille, à mon entourage, à mon mari ? » Je pense que la douleur qu'on ressent alors est une des plus profondes qui soit. On se sent horriblement coupable envers toute sa famille.

Oui, c'est ça, c'est une douleur familiale. La culpabilité vous écrase. Vous ne vous pardonnez pas d'avoir choisi ce métier et entraîné votre famille dans cette galère. Ça s'est passé en pleine année scolaire. Pour mes enfants, ça a été une année catastrophique.

Tout de suite la machine administrative et judiciaire s'est mise en route, et c'est normal. Les enfants mineurs que je gardais ont dû être placés dans d'autres familles d'accueil.

Toute cette souffrance n'est rien comparée à ce que nous avons éprouvé en pensant aux conséquences sur l'enfant que nous voulions adopter. La procédure a été stoppée net et l'enfant nous a été retirée.

Cette petite fille que nous avons accueillie tout bébé, notre petite Karima dont ma fille parle dans son témoignage, elle était tout pour nous. Nous étions en cours d'adoption. En fin de compte, c'est elle qui a souffert le plus de toute cette histoire. La procédure d'adoption s'est arrêtée. Elle aussi a dû partir, quitter la maison.

C'était mon bébé et je ne savais pas comment lui annoncer la nouvelle. Quand j'essayais de lui expliquer qu'elle devait quitter la maison, aller dans une autre famille, elle pleurait et suppliait : « Maman, pourquoi tu me donnes à l'éducatrice, pourquoi tu m'abandonnes ? » J'étais comme crucifiée : l'accusation portée contre un membre de ma famille… les enfants qu'on me retire… c'était trop.

Karima, je l'avais depuis qu'elle était sortie de couveuse. Elle était née prématurée. J'ai du mal à en parler encore aujourd'hui. Quand cette histoire est arrivée, elle avait 10 ans. J'ai été obligée de la confier à une famille d'accueil.

La première arrivée, que j'accueillais aussi, avait 18 ans. Elle aurait pu rester à la maison, mais elle n'a pas voulu quitter sa sœur de cœur. Elles sont parties ensemble et c'est grâce à cela qu'on a su que ça se passait mal. Dans la nouvelle famille, elles n'étaient pas traitées correctement. Elles n'étaient pas nourries de la même façon que les enfants biologiques. La grande a tout raconté à l'éducatrice. Je voulais mourir, c'était la fin du monde.

Une jeune éducatrice l'a alors retirée de cette famille d'accueil et l'a conduite au foyer. La petite hurlait au téléphone : « Maman, maman, on m'amène au foyer. »

Je me suis présentée dès le matin au foyer, j'ai expliqué mon cas au directeur. Toute ma vie je le remercierai. Il m'a dit : « Madame, venez quand vous voulez. » J'allais la chercher le matin pour la conduire à l'école. On prenait le petit déjeuner ensemble. Après l'école, je la ramenais au foyer et je la faisais manger.

Dans le rapport que le directeur a fait au tribunal, il a écrit qu'il ne savait pas ce que la petite faisait dans ce foyer.

Au bout de quatre mois, j'ai pu récupérer Karima. J'ai dû prendre un avocat. L'affaire a duré trois ans. J'ai finalement pu l'adopter, j'ai obtenu l'agrément. Elle avait alors 14 ans.

Ça démolit une famille, une histoire comme ça.

Si cette histoire m'arrivait aujourd'hui, je dirais non tout de suite au service. J'ai toujours expliqué que ça n'allait pas avec ces adolescentes, mais je n'étais pas assez forte pour refuser ce que le service demandait. L'une d'elle a vécu six ou sept ans à la maison, la deuxième trois ou quatre ans : elle travaillait bien à l'école et j'ai tout fait pour qu'elle intègre un lycée sur Paris.

Et puis un jour, une troisième adolescente est arrivée. Elles se sont retrouvées à trois du même âge. Et là, les problèmes ont commencé.

La nouvelle venue disparaissait le vendredi et revenait le lundi. Je ne savais ni où elle allait, ni ce qu'elle faisait. L'éducatrice a pris les choses à la légère. Quand une adolescente de 15 ans disparaît trois jours, ce n'est pas normal. J'ai expliqué au service que je ne pouvais plus l'accueillir. Et là, les ennuis ont commencé.

Les trois adolescentes m'ont suppliée de revenir sur ma décision. Elles étaient sœurs de sang. Comme je ne cédais pas, elles m'ont alors menacée : « Tu ne veux pas qu'on reste ensemble, alors tu vas voir, tu vas le regretter. » Ça a démarré comme ça.

Elles ont commencé par raconter au service qu'on ne leur donnait pas à manger, qu'elles ne se lavaient pas… C'était n'importe quoi, bien sûr, mais dès ce moment-là il aurait fallu les prendre au sérieux. Il aurait fallu chercher à comprendre le pourquoi de ces accusations. Par la suite, j'en ai beaucoup parlé dans les réunions et dans les groupes de parole. Il aurait fallu les prendre au sérieux tout de suite.

Je les avais emmenées en Tunisie, dans des mariages. Elles étaient comme mes filles. La plus jeune, quand je disais que j'avais mal à la tête, elle pleurait. Elle *a quitté la maison et elle n'est jamais revenue. Elle est consciente du mal qu'elle a fait. Si elle revenait, je ne suis pas sûre de lui ouvrir la porte. Elle m'a fait tellement de mal. Elle a été entraînée par la dernière arrivée. Ce n'est pas la faute de la seconde qui était une petite tranquille. La seconde était restée trois ou quatre ans à la maison. Zora est arrivée et elle a tout fait exploser.*

C'est la pire épreuve qui puisse arriver à une famille d'accueil. Ça peut conduire au suicide.

C'est plus facile d'accueillir des garçons ?

C'est pareil. J'ai une collègue, le garçon qu'elle accueillait a accusé son fils de l'avoir abusé. Moi, quand ça m'est arrivé, j'ai été licenciée immédiatement. Depuis la création du BAF, on ne licencie pas : le service attend la fin de la procédure.

Les trois jeunes filles se sont présentées au service et ont porté une accusation grave sur un membre proche de votre famille ?

Oui. C'est allé crescendo. Elles ont commencé par dire que je ne les nourrissais pas correctement. Et là, je voudrais vraiment insister : quand un enfant se plaint, par exemple, de ne pas manger correctement, de ne pas pouvoir se laver, il faut l'écouter tout de suite et surtout ne pas minimiser. Il faut le prendre au sérieux. Comme ces adolescentes n'ont pas été prises au sérieux, elles ont dû trouver autre chose pour se faire entendre. Nous nous sommes retrouvés seuls, avec notre souffrance.

Et puis il y a eu cette éducatrice qui s'acharnait contre nous. Elle ne nous connaissait pas, elle venait d'arriver. Elle ne connaissait pas les adolescentes qui nous accusaient, mais elle a pris la situation en main, bien décidée à les croire sur parole.

Malgré cette épreuve, je me suis relevée pour ma famille, pour mon mari et pour ma petite fille. J'ai dû me battre. La justice a fait son travail. Ça a été très long : trois ans. Je me suis consacrée à ma fille, je voulais pouvoir l'adopter. Dans mon malheur, je suis quand même tombée sur des gens bien, humains. Au bout de quelques mois, j'ai pu récupérer Karima et j'ai commencé à aller mieux.

Vous savez, quand j'ai perdu mes parents, bien sûr j'ai souffert. C'était très dur, mais ce n'est pas comparable avec ce qui m'est arrivé. Là, c'est une douleur beaucoup plus profonde. J'ai perdu dix-huit kilos. Je me sentais tellement coupable envers ma famille.

Mais coupable de quoi ?

C'est mon travail, c'est moi qui ai choisi de devenir assistante familiale. En fait, c'est ce travail qui m'a choisie et j'ai continué. Toute cette histoire, toute cette douleur a duré trois ans.

Et pendant trois ans il s'est passé quoi ?

Les enfants que je gardais ont été convoqués. Ils n'ont dit que des choses positives. La police a convoqué des adolescentes qui allaient à l'école avec ma fille. En fait, elles n'ont pas été convoquées, elles sont allées d'elles-mêmes témoigner en notre faveur. Nous avons tous été convoqués. C'était la fin du monde. Et puis, au bout de plusieurs mois, il y a finalement eu un non-lieu. Alors l'éducatrice a décidé de contacter une association de victimes. Les trois adolescentes ont fait appel. Et ça a encore duré plus d'un an.

À l'époque, une psychologue qui nous connaissait bien est venue témoigner en notre faveur. C'est mon avocat qui lui a demandé de le faire. Elle suivait une des jeunes filles. Elle a déclaré qu'elle avait des choses à révéler. Elle a été libérée du secret professionnel.

Après la relaxe, j'ai repris le travail. Comment réagir ? Ou bien je restais sous la couette ou bien je me relevais. Je me suis relevée et j'ai affronté le monde entier.

Du jour au lendemain, on vous enlève les enfants, vous n'avez plus de travail, vous avez dû prendre un avocat. Et ça a duré plus de trois ans.

J'ai pris un avocat et ça m'a coûté très cher. Je l'ai fait d'abord pour la petite. Je voulais vraiment pouvoir l'adopter.

Cette histoire m'est tombée dessus après plus de vingt ans de métier. Avant que ça ne m'arrive, j'avais même aidé deux ou trois assistantes familiales dans la même situation. Ce n'est pas rare d'être accusée, c'est un vrai risque du métier, il faut le dire. Il faut y être préparée et rester lucide, sur ses gardes.

Votre famille était d'accord pour que vous repreniez le travail ?

On parle beaucoup. J'ai été licenciée, puis j'ai repris le travail, mais ce n'était pas pour l'argent. J'ai repris mon travail pour la petite, pour finaliser l'adoption. Quand on accueille un enfant en bas âge et pupille de l'État, on est prioritaire pour l'adopter, mais il est impératif de travailler.

J'avais l'impression que m'arrêter ou prendre un autre emploi, ce serait comme me cacher, agir comme si j'avais quelque chose à me reprocher. Mais je n'avais rien à me reprocher, personne n'avait rien à se reprocher. J'ai gardé la tête haute. J'ai affronté la situation et je l'ai fait savoir haut et fort. À chaque réunion, à chaque formation, j'explique à mes collègues ce qui s'est passé.

Vous n'avez plus jamais eu de contacts avec ces jeunes filles ?

Non. Aucune n'est venue s'excuser. Elles savaient très bien que nous étions en plein processus d'adoption avec la petite. Un jour, l'une d'elles, celle qui est restée le plus longtemps chez moi – plus de sept ans quand même –, a frappé à ma porte. Elle m'a suppliée de lui faire voir la petite par la fenêtre : « Montre-la-moi, je veux la voir. » C'était bien après le procès.

Pourquoi voulait-elle la voir ?

Elles ont appris que Karima avait été placée en foyer et je pense qu'elle voulait être rassurée en voyant qu'elle était rentrée à la maison. Elle m'a suppliée mais j'ai refusé. Je lui ai dit de partir. De toute façon, la petite ne voulait pas la voir.

Concernant les deux autres, je n'ai pas eu de nouvelles. La dernière n'était pas restée longtemps, huit à neuf mois au plus. C'était un placement d'urgence et provisoire. Tous les jours on se disait qu'elle allait peut-être partir le lendemain, que le service allait lui trouver une autre famille. Mais vous savez, la plupart des éducatrices, une fois que l'enfant est placé chez vous, elles ne cherchent plus de place ailleurs. L'accueil provisoire prévu pour une semaine peut se transformer en accueil de plusieurs mois, voire plusieurs années.

L'ASE savait que ces accusations étaient fausses. Quelques semaines auparavant, l'inspecteur avait conscience de la situation et avez été clair : « Il faut retirer les trois adolescentes de chez Mme El Khalfaoui, elles ont le même profil. On a placé une bombe chez elle. » Il pensait que les filles allaient rapidement regretter d'avoir porté ces accusations graves et se rétracter. Mais il m'a convoquée et m'a demandé : « Qu'est-ce qu'on fait maintenant ? On ne peut pas continuer comme ça. » Il m'a expliqué : « Les filles ne veulent rien savoir et moi je dois faire mon travail. » Il m'a annoncé que Karima devait partir elle aussi. Il était désolé mais me laissait le choix de lui trouver moi-même une autre famille d'accueil. Je lui ai dit : « Monsieur, c'est comme si vous chargiez un pistolet et que vous me le mettiez sur le cœur. » Il m'a répondu : « Je sais, j'en suis conscient, mais que voulez-vous que je fasse ? Tout ce que je peux faire, c'est vous laisser la liberté de choisir une famille d'accueil pour la petite. »

J'ai choisi une famille d'accueil et j'ai fait un mauvais choix. Quand je rencontrais ma collègue, vu de l'extérieur, j'avais l'impression que tout allait pour le mieux. Finalement, ça s'est très mal passé.

L'éducatrice a alors pris la décision de mettre la petite dans un foyer. Au début, c'était très dur pour moi que ma fille soit en foyer, et pour elle pareil, mais finalement j'aurais dû penser au foyer dès le début. Au foyer, ils ont été vraiment bien, rien à redire. Ils ont fait un courrier au juge, ils ont fait tout ce qui était en leur pouvoir. C'est d'ailleurs pour ça que j'ai pu récupérer ma fille très vite.

Les risques du métier, c'est un message important à transmettre.

Dès que je suis en réunion, je parle. Si quelque chose ne me convient pas, je dis non. C'est très important d'être professionnelle. Au début, quand j'ai commencé, j'étais une « nounou ». Avant cette histoire, je n'avais accueilli que la fratrie et ces trois adolescentes : six enfants au total. J'ai commencé en 1984 avec la fratrie, puis j'ai accueilli Karima qui est tout pour nous, et puis ces adolescentes. D'abord une, puis deux, puis trois. C'est arrivé en 2002.

Vous avez revu l'éducatrice ?

Je l'ai revue plusieurs fois, quelques semaines après mon licenciement. Et puis un jour, bien après toute cette histoire, elle est arrivée avec deux garçons. Quelqu'un dans le service m'a posé la question : « C'est Mme X. qui vous a amené les enfants ? » J'ai répondu : « Ce n'est pas grave. Elle fait son travail, je fais mon travail, point final. » Pour finir, ils lui ont retiré le suivi des enfants, et puis un jour, d'elle-même, elle a quitté la circonscription de Villetaneuse.

Dès que j'ai repris mon travail d'assistante familiale, dès que j'ai pu adopter ma fille, je suis passée à autre chose. J'ai tout laissé derrière moi. J'ai laissé le passé au passé, mais je suis revenue beaucoup, beaucoup plus forte.

Éléments cliniques et incidences concrètes souvent très douloureuses

La clinique (théorie) de l'attachement

La théorie de l'attachement s'appuie sur les travaux de différents chercheurs et cliniciens, dont Donald Winnicott et John Bowlby. Elle met en lumière l'importance vitale des liens mère-bébé et les risques liés aux séparations précoces, aux ruptures de liens.

Pour Winnicott, qui s'inspire de Sándor Ferenczi, « un bébé tout seul n'existe pas » ; un enfant existe « dans son environnement » – et ce terme est à entendre au sens large.

L'environnement d'un enfant, ce sont celles et ceux qui lui donnent les soins vitaux physiques et psychiques. Il s'agit de la mère, du père, de ceux qui s'occupent de lui et lui permettent de vivre car, tout seul et livré à lui-même, un bébé meurt. Le petit de l'homme a besoin, pendant plusieurs années, d'un environnement qui prend soin de lui. C'est la grande fragilité mais aussi la grande force et la grande spécificité du petit humain. C'est ce que l'on appelle la néoténie. Le bébé humain, l'*infans* (en latin « celui qui ne parle pas »), a un besoin vital de son environnement pour rester en vie. Le bébé, l'enfant humain, naît prématuré, inachevé, et dépend, pour sa survie et son développement, de la relation à l'autre. L'*infans* et l'enfant ont ainsi « de façon vitale » besoin de créer un lien d'attachement dit « sécure » pour se développer physiquement et émotionnellement.

Plusieurs psychologues et pédopsychiatres ont mis en évidence le rôle joué par l'environnement dans la constitution psychique de l'enfant. Ferenczi met en lumière l'autodestruction des enfants « mal accueillis » par leur environnement et l'activation archaïque, à certains moments de la vie, de pulsions d'autodestruction. Cela a des incidences fortes : il est vital de maintenir les liens d'attachement.

Ces liens permettent au petit d'homme d'accepter de vivre et de se développer.

Tous les environnements ne sont malheureusement pas en capacité d'offrir la possibilité d'un attachement sain et « sécure ». Une mère en dépression, psychotique, incapable de s'ajuster aux besoins de son enfant ne peut pas répondre à ce dont l'enfant a besoin pour vivre et se développer. Un lien d'attachement dit « sécure » crée les conditions chez l'*infans* puis chez l'enfant de s'ouvrir au monde, d'accepter de découvrir son environnement, d'entrer dans les apprentissages. C'est ce que l'on appelle la construction du « sentiment de sécurité interne ».

Le biologique et le psychique se rejoignent. Dans des conditions sécurisantes, avec des liens d'attachement « sécures », l'enfant sécrète différentes substances chimiques, certains neuromodulateurs dont, par exemple, l'ocytocine. Le petit humain est un être de parole et un être biologique. L'ocytocine, par exemple, a de multiples propriétés et fonctions, dont celle de permettre de réguler le stress.

C'est une erreur encore fréquente de séparer biologique et psychique : des liens d'attachement non « sécures » ont une incidence directe sur le développement du cerveau de l'enfant. Le stress génère la sécrétion de cortisol, et le cortisol modifie les structures cérébrales. Autrement dit, un enfant qui ne se sent pas en sécurité ne se peut pas se développer harmonieusement.

Dans un ouvrage courageux, polémique, et que chacun devrait lire, le pédopsychiatre Maurice Berger le rappelle : « J'ai détaillé la manière dont la théorie et la clinique de l'attachement ne sont pas prises en compte dans notre pays… Nous savons maintenant que les nourrissons soumis de manière constante à des relations éducatives "stressantes" risquent d'avoir une élévation permanente de leur taux de cortisol sanguin. Les conséquences en sont une diminution irréversible de 10 % à 15 % du nombre de neurones dans la zone cérébrale où se constitue la mémoire affective, ce qui peut entraîner des troubles du comportement d'une chronicité redoutable[32]. »

Pour illustrer les incidences concrètes des ruptures de liens et la volontaire méconnaissance de la clinique de l'attachement parmi certains professionnels, j'ai choisi de reproduire ci-dessous différents courriers que j'ai adressés ces dernières années à différentes instances censées « protéger » l'enfant. Ce sera beaucoup plus éclairant qu'un long discours.

Lettre au Juge
(Juin 2018)

Madame le Juge,

Je travaille en tant que psychothérapeute avec S., âgé de 7 ans. Cet enfant a été confié à l'association X. à Sarcelles. Je me permets de vous écrire aujourd'hui car S. est très en souffrance. Je souhaiterais appuyer la demande de droit de visite et d'hébergement faite par son ancienne tata et vous en expliquer les raisons.

S., âgé de 7 ans, est resté très attaché à son ancienne tata. Cet attachement est réciproque. La rupture avec sa tata a été particulièrement traumatique pour cet enfant. Mon travail de thérapeute implique en tout premier lieu de me soucier d'un étayage relationnel correct dans la réalité. Aujourd'hui, le socle de la réalité affective de cet enfant n'est pas assuré.

Âgé de 7 ans, handicapé, il a connu déjà plusieurs ruptures. Sa mère était trop malade pour s'occuper de lui. Dès sa naissance, il a été accueilli en pouponnière, puis il s'est retrouvé placé. Il a ainsi connu :

- *Une première famille d'accueil jusqu'à 2 ans et demi.*

---

[32] Maurice Berger, *L'Échec de la protection de l'enfance*, avant-propos à la deuxième édition, Dunod, 2014.

- *Puis une deuxième famille d'accueil. Le tonton auquel il était très attaché et en plein processus identificatoire est malheureusement décédé. Sa tata ne pouvait plus faire face. Il a été à nouveau placé.*
- *Aujourd'hui, depuis septembre, il a été accueilli par une troisième famille.*
- *Sa maman, très en colère contre le placement, ne veut plus venir le voir au service et par conséquent il ne la voit plus. Il en souffre évidemment beaucoup et se sent « méchant », « pas intéressant ». S. est bien sûr très en colère contre le placement et on peut le comprendre.*

En tant que psychothérapeute, je ne peux pas travailler à l'apaisement de ses conflits internes, travailler à soigner les traumatismes passés de cet enfant s'ils sont répétés, et non apaisés, par l'institution. C'est la raison pour laquelle, à plusieurs reprises, j'ai expliqué, sans succès, à l'association X. combien il était essentiel pour le développement de S. qu'il puisse rester en contact téléphonique régulier et fréquent avec son ancienne tata. Les deux familles d'accueil, l'ancienne et la nouvelle, s'entendent très bien et se rendent compte de l'importance que cela revêt pour cet enfant.

Dernièrement, l'institution ne l'autorisait à appeler son ancienne tata qu'une fois par mois. Il s'agit là d'une décision arbitraire, folle, parfaitement inadaptée. Très récemment, il a été autorisé à appeler depuis le service de placement à condition d'en faire la demande, mais S. est révolté contre le placement et ne veut plus rien demander. Il ne veut pas non plus qu'on écoute ses conversations…

Depuis la rentrée, il s'est mis à sa façon « en grève » pour protester contre les différentes ruptures qu'il subit. Aujourd'hui il ne veut plus aller à l'école, ne veut plus apprendre, range ses affaires et m'a confié en séance vouloir « se sauver de l'école » pour retrouver sa tata. Cet enfant en souffrance a besoin, pour grandir, pour apprendre, de continuer à aimer et voir sa tata.

Je tiens à préciser que l'année dernière c'était un très bon élève et qu'il met à présent son intelligence en panne. Sans révéler le contenu précis des séances que j'ai avec lui, il y a évidemment un lien direct entre la violence qui lui est faite (ne pas l'autoriser à appeler et être appelé aussi souvent qu'il en ressent le besoin, ne plus voir sa tata) et ce refus d'apprendre.

Comme tout enfant il a besoin d'apprendre pour quelqu'un. Il commence, bien sûr, à s'attacher à sa nouvelle famille d'accueil, mais son ancienne tata reste un repère extrêmement important. J'ai pu échanger avec la psychologue scolaire et nous sommes toutes les deux en phase avec cette analyse.

Je tiens par ailleurs à vous informer que le placement a décidé, contre toute considération clinique, de stopper le travail que j'effectue avec cet enfant. J'ai en effet estimé, de ma position de thérapeute, important d'appeler l'ancienne tata avec S. lors d'une séance. Comme tout psychothérapeute, je définis mon cadre de travail et je fais ce que je trouve juste.

Cette décision brutale et arbitraire constitue non seulement une intrusion dans mon cadre de travail et une forme de maltraitance institutionnelle, mais il s'agit aussi et surtout d'une violence et d'une rupture de plus imposées à cet enfant qui n'en a vraiment pas besoin. S. a besoin de soins, pas d'abus de pouvoir.

Je vous adresse ce courrier afin que vous puissiez étayer votre décision et me tiens à votre disposition pour tout complément d'information.

Je vous prie d'agréer, Madame le Juge, l'expression de mes salutations respectueuses.

Épilogue

Il a fallu que l'ancienne tata fasse une demande de droit d'hébergement pour pouvoir téléphoner régulièrement et rendre visite à S. La décision favorable rendue par le juge à la suite du courrier adressé a été « égarée » et non envoyée. Il a fallu quatre mois de plus pour qu'elle soit enfin reçue et que le jugement soit suivi d'effet. C'est à croire qu'il n'y a aucune formation, aucune évaluation des structures, un fonctionnement en vase clos, une surdité clinique qui effraie. Comment peut-on arbitrairement priver un enfant du droit de téléphoner et d'écrire librement à sa précédente tata ?

Il a longtemps été d'usage de considérer qu'un enfant doit se détacher de son ancienne famille pour pouvoir s'attacher à la nouvelle. Les recherches récentes (plusieurs dizaines d'années tout de même), concernant notamment la clinique de l'attachement, démontrent que c'est faux. Au contraire, ce sont les ruptures successives qui empêchent l'enfant de construire un sentiment de sécurité de base.

Il n'est plus possible en 2019, après les travaux de Boris Cyrulnik entre autres, d'entendre qu'il faut que l'enfant se détache de l'ancienne famille pour s'attacher à la nouvelle et de constater que cette position clinique générale et arbitraire justifie que l'enfant ne puisse ni téléphoner ni écrire librement à ses figures d'attachement.

Par ailleurs, je tiens à rappeler l'article L.311-3 du Code de l'action sociale et des familles :

« L'exercice des droits et libertés individuels est garanti à toute personne prise en charge par des établissements et services sociaux et médico-sociaux. Dans le respect des dispositions législatives et réglementaires en vigueur, lui sont assurés :

« 1° Le respect de sa dignité, de son intégrité, de sa vie privée, de son intimité, de sa sécurité et de son droit à aller et venir librement ;
[…]

« 3° Une prise en charge et un accompagnement individualisé de qualité favorisant son développement, son autonomie et son insertion, adaptés à son âge et à ses besoins, respectant son consentement éclairé qui doit systématiquement être recherché lorsque la personne est apte à exprimer sa volonté et à participer à la décision. À défaut, le consentement de son représentant légal doit être recherché. »

Le moins que l'on puisse dire, c'est que le consentement éclairé de cet enfant n'a jamais été recherché…

Les structures doivent être contrôlées et auditées. En aucun cas un soi-disant contrôle interne ne doit suffir. Le cas de S. n'est pas isolé et les pratiques perdurent.

Il serait important de faire évaluer :

- les positions cliniques des institutions afin d'identifier ce qui s'apparente à de l'abus de pouvoir pur et simple ;
- la formation et la politique de formation des éducatrices ;
- la politique de supervision des psychologues cliniciens ;
- les raisons du turn-over impressionnant au sein de certaines structures ou, à l'inverse et de façon singulièrement concomitante, le manque de mobilité de certains professionnels ;
- les raisons du mal-être persistant des assistantes familiales qui travaillent avec certaines structures.

L'aide sociale à l'enfance dépense beaucoup d'argent pour les enfants qui lui sont confiés et il est important que la maltraitance institutionnelle, le manque de formation, l'ignorance crasse et l'abus de pouvoir ne viennent pas ajouter aux difficultés de ces enfants.

La parentalité

Contrairement à une idée bien ancrée dans les esprits, on ne naît pas parent mais on le devient. Être mère ou être père n'a absolument rien de naturel. Il s'agit d'un processus. Le père et la mère biologiques peuvent acquérir et développer des compétences parentales ou pas. Cela dépend de la façon dont ils se sont construits, des aléas de la vie, des traumatismes.

Il en découle qu'il ne suffit pas qu'une femme et un homme conçoivent un enfant pour qu'ils soient en mesure d'être des parents adaptés aux besoins physiques et psychiques de leur enfant. Il en ressort que la famille n'est pas forcément le meilleur endroit pour qu'un enfant y soit élevé. Cela dépend précisément du degré de parentalité des parents. On comprend aisément les implications très concrètes en matière de protection de l'enfance qui en résultent.

Une certaine idéologie mettra l'accent, en cas de parentalité défaillante, sur l'aide à apporter aux parents et veillera à « soutenir la parentalité », c'est-à-dire la capacité à être des parents adaptés. Il existe différentes modalités de « soutien à la parentalité. » Le fait de devenir parent n'est ni simple ni évident. On parle d'ailleurs de « troubles de la fonction parentale » ; ces troubles peuvent être très différents, mais ils s'articulent autour de l'incapacité à reconnaître les demandes et les besoins de l'enfant et à y répondre de façon adéquate. Concrètement, coller un biberon à un enfant et le nourrir mécaniquement, sans échanges tactiles, sans sourire, n'est pas adapté.

Une mère dépressive, une mère « morte » pour reprendre l'expression du pédiatre et psychanalyste André Green, une mère aux réactions imprévisibles ne peut pas s'ajuster aux besoins de son enfant. L'incapacité de la mère ou du père (de l'environnement) peut être temporaire ou malheureusement installée sur la durée dans le cas de certaines psychoses. Certaines pathologies psychiatriques se stabilisent mais ne guérissent pas, et toutes les actions de soutien à la parentalité ne serviront strictement à rien sinon à se donner bonne conscience. Il est parfois difficile d'accepter de voir la réalité en face : certains parents sont absolument irrécupérables…

Un père agressif, dans la rivalité et la jalousie haineuse vis-à-vis de son enfant ne sera pas adapté. Rappelons-le : les compétences ou incompétences parentales ont une incidence directe sur le développement du cerveau de l'enfant.

Par ailleurs, il est important de rappeler que la place de l'enfant a évolué dans les représentations culturelles et le statut juridique et social de l'enfant mineur également.

Le statut juridique et social du mineur

La place de l'enfant a évolué dans les représentations. Dans les années 1960-1970 et encore aujourd'hui, il n'est pas rare que les parents estiment que leur enfant leur appartient, voire pire, que la loi de la cité, la loi symbolique, n'a pas à entrer à l'intérieur des familles. C'est loin d'être seulement le cas des familles incestueuses ou incestuelles. Jusqu'en 1970, on ne parlait d'ailleurs pas d'« autorité parentale » mais de « puissance paternelle » : tout un programme…

Aujourd'hui, en droit français, un enfant n'a pas de capacité juridique jusqu'à ses 18 ans. Il doit être représenté par une personne qui a la capacité d'agir pour lui. La loi rend toutefois possible, sous certaines conditions, l'émancipation d'un mineur à partir de 16 ans.

Il n'en demeure pas moins qu'un enfant a le droit d'exprimer son opinion sur toute question l'intéressant. Et ce, quel que soit son âge, n'en déplaise à certains professionnels de la protection de l'enfance. Il est bon de le rappeler et de rappeler également que le Défenseur des droits est là aussi pour défendre les droits des enfants. Tout enfant, quel que soit son âge, peut lui écrire et le saisir directement. C'est le cas aussi des associations représentant la défense des droits des enfants. Par ailleurs, le Défenseur des droits peut se saisir d'office.

Soyons concrets : au nom de quoi un enfant n'aurait-il pas le droit d'appeler librement son ancienne famille d'accueil et d'être appelé ? Quelle en est la base clinique et juridique ? Au nom de quoi une petite fille retirée précipitamment de son collège ne pourrait-elle pas dire au revoir à sa meilleure amie, lui écrire et recevoir de ses nouvelles ?

Assez régulièrement, certains professionnels et responsables administratifs de l'enfance avancent le prétexte « tarte à la crème » que cela l'empêcherait de s'attacher à sa nouvelle famille… Évidemment, si l'ancienne famille a été maltraitante, il est nécessaire de protéger l'enfant, mais avant d'en prendre la décision il faut réfléchir, ne pas raisonner de façon paresseuse et stéréotypée. Au nom de quoi ne pourrait-il écrire librement et au nom de quoi sa correspondance devrait-elle être surveillée ? Au nom, me semble-t-il, d'une paresse intellectuelle qui méconnaît les recherches récentes en termes d'attachement et au nom d'une forme de perversité de l'institution qui bafoue la loi. De toute façon, les pervers sont protégés pour le moment : l'impunité est garantie, tout comme l'anonymat des décisions prises.

Le secret professionnel

Le secret professionnel et le secret partagé sont des caractéristiques fortes du métier de psychologue et d'assistante familiale. Pour rappel, le secret professionnel vise, d'une part, à respecter la vie privée des familles et des enfants, et d'autre part à veiller à la protection de l'enfant. Nul ne doit révéler ce qu'il a pu apprendre ou comprendre du fait de son métier et de son travail auprès de l'enfant et de sa famille. Dans le même temps, le secret professionnel constitue parfois un alibi très fort au service de certaines situations perverses.

L'article 221-6 du Code de l'action sociale et des familles (CASF) modifié par la loi n°2013-403 du 17 mai 2013 - art. 1 (V) rappelle : « Toute personne participant aux missions du service de l'aide sociale à l'enfance est tenue au secret professionnel sous les peines et dans les conditions prévues par les articles 226-13 et 226-14 du Code pénal. Elle est tenue de transmettre sans délai au président du conseil départemental, ou au responsable désigné par lui, toute information nécessaire pour déterminer les mesures dont les mineurs et leur famille peuvent bénéficier, et notamment toute information sur les situations de mineurs susceptibles de relever du chapitre VI du présent titre. L'article 226-13 du Code pénal n'est pas applicable aux personnes qui transmettent des informations dans les conditions prévues par l'alinéa précédent ou dans les conditions prévues par l'article L.221-3 du présent code. »

Concrètement, cela signifie que tout assistant familial est tenu au secret professionnel. Le secret peut être partagé entre personnes tenues au secret professionnel, il est strictement limité à ce qui est nécessaire. Les parents et l'enfant lui-même doivent en être préalablement informés, sauf si cette information est contraire à l'intérêt de l'enfant. L'obligation de secret est levée par la nécessité de protéger l'enfant.

Rappelons que le fait de ne pas agir pour empêcher un crime ou un délit (article L.223-6 du Code pénal) est puni de cinq ans d'emprisonnement et de 75 000 euros d'amende. C'est la loi, et apparemment certains professionnels, y compris psychologues, ne la connaissent pas, ou pire, choisissent de l'ignorer et la bafouer. Les tergiversations autour des signalements sont symptomatiques de cette situation.

Signaler ou pas

À plusieurs reprises, j'ai entendu de la part de professionnels (psychologues scolaires en particulier, mais pas seulement) à qui j'expliquais que j'allais faire un signalement : « Faites attention, vous ne pourrez pas le prouver !!! » Il est important de rappeler que ce n'est pas le rôle de celui ou celle qui fait un signalement que de prouver quoi que ce soit. C'est le rôle de la police et de l'enquête.

En matière de signalement, le seuil de tolérance en Seine-Saint-Denis semble singulièrement haut. On peut impunément, dans l'entre-soi, choisir de laisser l'enfant « se débiliser dans sa famille » (entendu en réunion de synthèse en CMP). S'agissant d'une petite fille dont on apprend qu'elle est violée depuis plusieurs mois par son beau-père, j'ai même entendu de la part de professionnels : « Il ne faut pas aller trop vite, on va attendre un peu, on n'est pas à deux mois près. » Oui, c'est ahurissant.

Par ailleurs, au prétexte que l'« exception culturelle » serait à respecter de façon quasi inconditionnelle, certains professionnels en viennent à considérer acceptable que certaines cultures soient plus violentes que d'autres et que les enfants en fassent les frais. Le fait qu'un enfant d'origine ukrainienne ou malienne (par exemple) soit battu comme plâtre par son frère aîné ou son père serait moins problématique que pour un autre enfant. Trouver cela inadmissible serait une position « non clinique ». Et pourquoi pas « raciste » tant qu'on y est ?

Il est particulièrement désolant de constater la frilosité de certains professionnels à s'engager et à protéger les enfants. Soyons clairs : il vaudra toujours mieux faire un signalement, non justifié après enquête, que de prendre le risque ne pas le faire alors qu'il était justifié. Et rappelons-le : la loi oblige quiconque (et pas seulement les professionnels de l'enfance) à signaler un enfant en danger.

Un enfant est en danger non seulement quand il est battu, mais aussi quand il est humilié, dénigré, insulté. Il est en danger psychique grave et souffrira de stress post-traumatique si sa mère se fait battre, y compris s'il n'est pas battu lui-même. Le stress post-traumatique ne concerne pas seulement les anciens du Vietnam, les militaires ou les victimes d'attentat, il concerne également les enfants battus ou soumis à des scènes régulières de violence intrafamiliale.

Répétons-le : être battu, être humilié, assister à des scènes de violence a des incidences sur le cerveau. Exposé à un stress intense et répété, le cerveau de l'enfant ne se développe pas correctement et c'est parfois irréversible. C'est aussi pour cela que les tests psychométriques de QI (quotient intellectuel), type WISC, permettent de situer le QI de l'enfant afin, dans une démarche psychodynamique, de relancer son intelligence parfois bloquée. Un test se fait et se refait à intervalles réguliers pour mesurer les progrès de l'enfant et aussi – sujet ô combien tabou – les résultats obtenus par le psycho-thérapeute qui travaille avec l'enfant.

À côté de l'idéologie familialiste qui prévaut au détriment de la clinique de l'attachement, il est un autre sujet qui mérite d'être exposé : celui de la position de certains juges pour enfants et juges aux affaires familiales. Rappelons-le : a priori, un juge est un juge, il applique la loi et c'est très bien ainsi. Mais il n'est pas psychologue. Pourtant ses décisions engagent l'avenir, la sécurité et la santé de l'enfant.

Mieux qu'un long discours, je préfère reproduire ci-dessous une lettre adressée récemment à un juge aux affaires familiales (une femme en l'occurrence), qui illustre ce qu'on pourrait appeler la « confusion des genres ». Ou quand un juge se prend aussi pour un psychologue…

Lettre ouverte à Madame le Juge

Juillet 2019

Madame le Juge,

J'ai appris récemment que vous ne comprenez pas pourquoi je vous envoie régulièrement des éléments cliniques concernant les enfants que je reçois et pour lesquels vous avez une décision de justice à rendre. Personnellement, ce que je ne comprends pas, Madame le Juge, c'est votre incompréhension.

Il paraît que vous trouvez « que cela ne se fait pas d'écrire comme cela au juge ». Autrement dit, vous trouvez que Mme Asiani se mêle de ce qui ne la regarde pas et, accessoirement, empiète sur votre territoire. Je vous écris en effet, à vous et vos collègues, à l'occasion de chaque audience devant se tenir quant au futur du placement d'un enfant confié à l'ASE.

Je ne vous écris finalement qu'une ou deux fois par an, quand vous devez décider si le placement doit être renouvelé ou pas, si la demande de Monsieur ou Madame pour obtenir des droits de visite non médiatisés, voire des droits d'hébergement, peut être acceptée. Je vous écris et continuerai à vous écrire car vous donner des éléments cliniques permettant d'étayer votre décision fait partie de mon métier et je suis payée pour cela. Vous voyez, Madame le Juge, pardonnez-moi d'être directe : je ne suis pas juge et vous n'êtes pas psychologue. À chacun son métier.

Sincèrement, je me demande comment un juge peut « juger », c'est-à-dire rendre une décision tenant compte de l'intérêt supérieur de l'enfant, sans s'intéresser à son état psychique, son évolution, sa parole, son développement psycho-affectif. Ce qui me rassure et me réconforte, c'est que nombre de vos collègues trouvent normal et précieux d'échanger sur l'enfant et son développement. À la différence et en complément d'un travailleur social ou d'une éducatrice référente, voire d'un psychologue de l'ASE, le thérapeute de l'enfant travaille dans la régularité, la continuité.

En ce qui concerne la petite Z., cette année je l'ai reçue en consultation plus de dix mois sans avoir jamais aucun contact avec l'ASE : ni avec son éducatrice, ni avec un psychologue du service. Je ne sais pas comment ces gens travaillent. Heureusement, c'est loin d'être le cas de toutes les circonscriptions. Comment pouvez-vous prendre une décision qui engage l'avenir d'un enfant sans disposer des éléments cliniques précis sur lesquels vous appuyer, sans savoir où se situe l'enfant par rapport, par exemple, à son sentiment de culpabilité primaire, son conflit de loyauté ?

Concernant la parole de l'enfant, soyez vigilante, Madame le Juge. Elle est parfois recueillie en présence de tiers : comment parler en présence d'un frère ou d'une sœur, voire de son père ou de sa mère ? Par ailleurs, un train pouvant en cacher un autre, ce qui parfois semble, un peu rapidement, être la parole de l'enfant peut n'être que celle de son père ou de sa mère, celle de l'institution ou de l'idéologie ambiante. Cela peut donner : « Je veux retourner chez maman, elle a beaucoup changé, maintenant elle nous fait à manger ! »

Il convient d'être nuancé et parfois de comprendre — et c'est le rôle du thérapeute qui travaille régulièrement avec l'enfant : « Si maman est tombée malade et a décompensé sur un mode paranoïaque, c'est à cause de moi qui n'ai pas été capable de prendre soin d'elle. C'est ma faute, il faut que je me rachète. J'ai été un sale bébé et maintenant je dois prendre soin d'elle. En plus, j'ai la carte bleue de maman, je ferai les courses. »

J'entends, concernant Z., que le service vous fait part de visites médiatisées avec ses parents qui se passeraient bien. Si ce n'était pas aussi si grave, ce pourrait être drôle : que veut dire précisément, cliniquement, « les visites médiatisées se passent bien » ? Qui évalue et comment ?

*En ce qui concerne Z. et en travaillant avec elle, il apparaît qu'une visite médiatisée qui se passe bien, c'est Monsieur qui, certes, arrive les bras chargés de cadeaux, mais reste incapable de s'intéresser au spectacle de fin d'année de son enfant, incapable de se mettre à la place de son enfant. Monsieur, que j'ai évidemment reçu — car je fais partie des psychologues qui refusent de travailler avec un enfant sans avoir reçu au préalable les parents — ne peut s'empêcher d'être dans la haine vis-à-vis de son ancienne compagne, de la traiter de folle et de p***. Évidemment, lors des audiences ou des visites médiatisées, il ne le fait pas. En revanche, il est clair que cette haine et cette attaque du narcissisme de filiation se déchaîneront quand il sera seul avec sa fille.*

Que veut dire exactement « Monsieur aurait changé » ? Les arguments cliniques objectivés, c'est quoi ? Les visites médiatisées ne seraient plus nécessaires, les droits d'hébergement une bonne chose. Permettez-moi d'en douter. Permettez-moi aussi de m'interroger sur les éléments cliniques précis qui vous permettent d'en juger.

Vous savez, Madame le Juge, je ne travaille pas seulement avec Z. et je vais vous relater un cas précis concernant la façon dont se prennent parfois certaines décisions. Je travaille avec une autre petite fille. L'association en charge d'accompagner l'enfant chez son père en visite médiatisée a fait faux bond au service quatre fois de suite sans avertir. Concrètement, pendant deux mois et demi (l'enfant n'a pas 6 ans), le père s'est déplacé au service pour rien et la petite aussi. Quand je dis « pour rien », j'exagère un peu : le père et la fille ont pu se faire une petite bise vite fait et chacun a dû repartir de son côté. Allez travailler avec l'enfant sur le respect de la loi juste et le refus de l'arbitraire après cela...

Le père, excédé, a décidé de porter plainte et il a eu raison. Alors évidemment, très vite, le service et le juge ont considéré que finalement les visites médiatisées se passaient bien (moi je dirais qu'en fait elles ne se passaient pas du tout) et que les médiations n'étaient plus nécessaires. Plus de visites médiatisées, plus de problèmes. On marche sur la tête.

Vous voyez, Madame le Juge, en principe tout ce qui a trait à l'enfant doit rester dans son dossier auquel il peut avoir accès à ses 18 ans. Moi, je vous écris, je fais des notes cliniques régulières et précises parce que je souhaite que chacun et chacune soit mis face à ses responsabilités, dans toutes les décisions prises, juges y compris. Je parle de responsabilité nominative, de sanction possible pour les psychologues, les éducateurs, les juges… C'est trop facile de dire « le service », « le juge ». Qui au sein du service ? Quel juge en particulier ? Chacun peut faire une erreur, mais chacun doit rester modeste, prendre avis, et surtout ne pas céder à la tentation de la perversion et/ou de la toute-puissance. Vous savez, un psychologue ne travaille pas seul. En institution il a des réunions de synthèse ; en libéral il a des supervisions, des échanges avec des collègues.

Il est un autre point sur lequel je voudrais revenir : j'entends dire parfois que les référents, les psychologues de l'ASE, «portent la parole de l'enfant». Cela dépend lesquels. Il y a aussi de la perversion chez les professionnels, de la jouissance à faire souffrir, de la toute-puissance. Je vais vous donner un exemple récent et douloureux : j'ai travaillé avec un enfant handicapé confié à l'ASE. Cet enfant a été placé en pouponnière à sa naissance, puis a subi plusieurs placements. (Je ne vais pas retracer ici les multiples ruptures, disons qu'il a été suffisamment malmené pour être aujourd'hui en totale insécurité, atteint de retard de croissance, en échec scolaire et très malheureux.)

Son dernier changement de placement est dû au décès de son tonton et à la retraite de sa tata. Eh bien, cet enfant n'a pas été autorisé par le service à téléphoner librement à son ancienne tata, ni à lui écrire librement. Il s'est alors « mis en grève » à l'école, annonçant clairement son intention de fuguer pour aller la retrouver. Alors là, pour le coup, j'ai écrit : au conseil départemental, au service, à l'association en charge du placement. L'ancienne tata, de son côté, a écrit au juge pour avoir des droits de visite et d'hébergement. Très sincèrement, je ne pense pas du tout que la parole de cet enfant ait été « portée ». Bafouée et bâillonnée, oui, mais pas portée.

Quand je repense à cet enfant, je ne peux pas m'empêcher de voir un petit prisonnier avec des kapos autour : kapo psychologue, éducatrice obéissante et soumise, directrice dépassée, institution dans le déni, conseil départemental qui ouvre le parapluie.

Qu'on ne vienne pas me dire que prendre soin des enfants qui sont confiés est uniquement une question de budget ou de moyens. Un juge qui trouve que le psychothérapeute qui travaille avec l'enfant devrait se faire discret, un psychologue ou un référent qui ose dire que téléphoner à son ancienne tata perturberait l'enfant, l'empêcherait d'établir de nouveaux liens avec sa nouvelle famille d'accueil, ce n'est pas un manque de moyens. Ce peut être un manque de formation, mais je crains qu'il ne s'agisse d'autre chose. De mon point de vue, il s'agit là de jouissance perverse, d'arbitraire et d'impunité.

Voilà, Madame le Juge, pourquoi je vous écris et continuerai à le faire. J'espère que mes collègues en feront tout autant. À chacun son métier.

Je vous remercie de m'avoir donné l'occasion de vous répondre avec cette lettre ouverte.

Je me tiens à votre disposition pour en parler en face-à-face si vous le souhaitez.

Propositions de formations et réflexions sur des pratiques qui doivent changer

L'ASE propose des formations aux familles d'accueil. En préambule à toutes propositions de thèmes de sensibilisation et de formation, il me semble important de rappeler que le placement est souvent vécu comme honteux par l'enfant. Il est particulièrement important de ne pas contribuer à stigmatiser l'enfant.

Ne pas contribuer à stigmatiser l'enfant

Un enfant placé se sent différent, responsable et coupable, souvent persuadé d'être seul à se trouver dans cette situation. Dans le même temps, la stigmatisation est inscrite dans certaines pratiques qui devraient être adaptées, même si en effet rien n'est simple à organiser : « Le mercredi, je vois mon père ; le vendredi je vois ma mère ; je rate la gym… », « Hier je n'ai pas pu danser au spectacle de l'école car j'avais rendez-vous avec mon père, pourtant je m'étais préparée toute l'année »… Il n'est pas bon que l'enfant rate l'école ou le sport pour rendre visite à ses parents ou aller en consultation.

Une famille d'accueil ne se contente pas de nourrir et loger un enfant. Son rôle – et elle est payée pour cela – est d'aider l'enfant à grandir. Il n'est pas acceptable que certaines assistantes familiales ne viennent pas assister au spectacle de fin d'année de l'enfant, ou qu'au prétexte d'une visite du père ou de la mère, l'enfant soit privé de la satisfaction narcissique de monter sur scène, d'être vu et admiré.

Bien sûr que rien n'est simple, qu'une organisation respectueuse des besoins de l'enfant suppose des moyens et le temps de planifier et prendre en compte ce qui fait la vie sociale et symbolique de l'enfant. Mais tout n'est pas une question de moyens. Est-il juste et bénéfique de priver l'enfant de gymnastique ou de lui faire rater des cours pour qu'il puisse se rendre en visites médiatisées par exemple ? Non, je ne le crois pas : il n'est pas utile de rajouter à la stigmatisation et le temps des consultations ou des visites doit se faire hors cours et hors activités sportives ou culturelles.

L'argent de poche

L'enfant reçoit de l'argent de poche et cet argent reçu de façon inconditionnelle a pour objectif de le rendre autonome. Une punition qui prive d'argent de poche est contre-productive. Il n'est pourtant pas rare que les enfants soient « privés » d'argent de poche. Il me semble important d'expliquer aux familles d'accueil le rôle de l'argent de poche dans le processus d'autonomisation de l'enfant et de vérifier qu'il est bien compris.

La culpabilité primaire et le conflit de loyauté

« Je suis placée parce que je n'arrive pas à lire. » Un enfant, placé ou pas, se sent inconsciemment coupable de ce qui lui arrive et de ce qui arrive de mal à ses parents. C'est ce que les psychologues appellent la « culpabilité primaire ». Dans la pratique, cela peut donner : « Si mes parents divorcent c'est ma faute (je n'ai pas de bonnes notes, je suis méchant, je n'arrive pas à lire, je suis moche et handicapé, etc.) », « Si mon père bat maman, c'est ma faute », « Si papa ou maman boit, c'est ma faute », « Si maman ne vient pas me voir en visite, c'est ma faute, je ne suis pas assez intéressant ».

Le narcissisme de filiation

Un enfant a besoin d'être fier de son père et de sa mère. Il est vital de ne pas critiquer les parents de l'enfant car cela revient à l'attaquer, lui. Le thérapeute travaille à modifier les représentations de l'enfant, à l'aider à désidéaliser les parents.

Pourtant, il n'est pas rare d'entendre des tatas et des tontons critiquer violemment le père ou la mère biologiques devant l'enfant. Là aussi, formation et sensibilisation devraient expliquer aux parents d'accueil comment se construit l'enfant, ce que sont la culpabilité primaire, les conflits de loyauté et l'importante du narcissisme de filiation.

Postface

Le concept de « banalité du mal[33] » a été mis en évidence par Hannah Arendt. Pour rappel, en 1963, Hannah Arendt assiste au procès d'Eichmann, criminel de guerre nazi et haut fonctionnaire du IIIe Reich. Eichmann, qui se cachait en Amérique du Sud, a été capturé par le Mossad, puis transféré à Jérusalem pour être jugé. Dans le box des accusés, il ressemble à un petit fonctionnaire médiocre. Sa ligne de défense est simple et éminemment contestable : il aurait simplement obéi aux ordres, oublié de penser, accepté passivement d'être le rouage de l'entreprise d'extermination nazie.

Hannah Arendt nous rappelle que le mal ne se nourrit pas d'actes extraordinaires mais du refus de s'interroger sur ses actes. Plusieurs phénomènes y participent : l'utilisation de clichés et d'expressions toutes faites. Dans le domaine de la protection de l'enfance, cela donne parfois : « C'est dans l'intérêt supérieur de l'enfant. » Rappelons-le, la notion d'intérêt supérieur de l'enfant n'est pas définie ; c'est un mot-valise qui court-circuite la pensée.

La banalité du mal réside dans les clichés, les formules et les représentations « tartes à la crème » du genre : « Il faut qu'il y ait rupture avec la famille d'accueil précédente sinon l'enfant ne pourra pas s'attacher à sa nouvelle famille », alors que ce peut être tout le contraire. La banalité du mal, c'est aussi interdire à un enfant de téléphoner régulièrement à son ancienne famille d'accueil, l'empêcher d'écrire, ne pas respecter son intimité.

Bien sûr que la réalité est nuancée. Il peut être très important de contrôler ce que l'enfant entend, de veiller à ce qu'il ne soit pas abîmé par un discours toxique du style : « Tu me manques énormé-

---

[33] Hannah Arendt, *Eichmann à Jérusalem : rapport sur la banalité du mal*, Gallimard, 1966.

ment, je souffre sans toi, je vais te récupérer. » Mais c'est précisément parce que la réalité est nuancée et que chaque cas est particulier qu'il faut sans cesse penser et s'interroger sur chacun de ses actes (ou non-actes).

C'est pour cela que la clinique, c'est aussi agir sur le réel quand le réel est toxique. C'est toute la différence avec un passage à l'acte. Qu'un clinicien, par exemple, fasse téléphoner un enfant, ce n'est pas un passage à l'acte : c'est un acte réfléchi qui prend en compte le réel car la réalité psychique – quoi que certains en disent – ne peut pas être coupée du réel.

Un clinicien qui rédige avec sa patiente illettrée une lettre, ce n'est pas un clinicien qui fait le travail d'une assistante sociale. C'est un clinicien qui fait de la clinique et accueille son patient. La clinique de l'enfant, tout comme la clinique de l'exil, est une clinique de l'engagement. Les tours d'ivoire et la « neutralité bienveillante » et perverse ont fait long feu.

Nous espérons que ce livre aidera les familles d'accueil à se sentir plus à l'aise dans leur fonction et leur rôle si important. Nous espérons aussi que les psychologues hésiteront moins à écrire aux juges, à recadrer les assistantes familiales défaillantes, que les organismes de tutelle et certains de leurs fonctionnaires seront moins enclins à ouvrir leur parapluie quand l'institution dysfonctionne.

Lettre de A. à Sabiha El Khalfaoui

Maman,

Je sais que depuis quelques mois tu écris un livre, tu m'en avais parlé et j'avais vraiment trouvé ça magnifique. Cela fait plusieurs semaines que je voulais t'écrire, mais je ne savais pas quoi écrire car il y a tellement de choses à dire. Pour moi, vous n'avez pas été ma famille d'accueil mais ma famille. Papa et toi êtes mes parents.

Aujourd'hui, mes filles vous appellent « papi et mamie » et vous aiment. Et je vous aime. Je me suis souvent dit que j'aurais préféré grandir sans avoir connu mes parents ; vous avoir connu juste vous, papa et toi. J'ai eu la chance de vous avoir, d'avoir des parents en or, deux grands frères et trois sœurs que j'aime énormément. Maman, tu as toujours été là pour moi.

Et je sais que ça n'a pas toujours été facile, j'ai honte de tellement de choses que j'ai faites, et jusqu'à aujourd'hui je n'arrive pas à me le pardonner. J'avance avec mais je n'oublie pas mes bêtises, mes erreurs... Merci, maman, d'avoir toujours cru en moi, tu m'as toujours soutenue et tu ne m'as jamais laissée tomber. Si tu savais à quel point je t'aime. Je te l'ai souvent dit, maman, que je t'aimais et j'espère que tu le sais.

Je sais que tu n'avais pas prévu de travailler en tant qu'assistante familiale, d'être une famille d'accueil, mais je remercie Dieu de m'avoir mise sur ton chemin, votre chemin à toi, papa, Dorsaf, Issam, Shems, Samia, Fyfy. Tu as fait ce métier pendant plus de trente-cinq ans, on a eu des moments très difficiles, mais tu as été là pour qu'on puisse surpasser tout ça...

Papa et toi m'avez élevée comme votre propre fille, vous m'avez donné tout l'amour dont un enfant a besoin, même plus peut-être. Lorsque les éducatrices me disaient que vous n'étiez pas mes parents, j'étais tellement mal, ça me rendait triste. Je me souviens qu'une fois, j'avais dit à une copine que tu étais ma maman. Elle nous a regardées puis a répondu : « Ah oui, c'est vrai que vous vous ressemblez. À part les yeux bleus, tu es le portrait craché de ta maman ! » J'étais tellement heureuse qu'on me dise que je te ressemble.

Dorsaf, pour moi, tu es ma grande sœur et je t'aime. Je sais que tu as souvent essayé de m'aider, mais je ne réalisais pas que j'étais aussi mal à l'époque et j'avais honte. J'ai mis tellement d'années à réaliser que j'étais mal : je me disais que je n'avais pas à être mal dans ma peau, que je n'avais pas de raisons d'être malheureuse, car dans mon malheur j'avais eu la chance de vous avoir. J'avais honte d'être mal. Je sais que j'aurais dû t'écouter, mais c'était trop difficile... J'ai adoré les deux mois que j'ai passé chez toi à la naissance d'Amira, ma nièce que j'aime. Je garde de très bons souvenirs.

Issam, tu es mon grand frère adoré, tu ne m'as jamais laissée tomber, tu as toujours été là pour moi. Je me souviens que c'est toi qui avais passé la nuit avec moi à l'hôpital lorsque je m'étais fait opérer de l'appendicite. Je n'avais même pas 10 ans ; tu révisais et moi je dormais. C'est toi qui m'aidais pour mes devoirs lorsque je n'y arrivais pas (surtout pour les maths). Lorsque tu es allé t'installer à Marseille pour tes études, tu me manquais tellement. Tu es un grand frère en or que j'aime. Merci pour tout.

Shems, tu es aussi mon grand frère. Toi aussi, tu as toujours été là pour moi. C'est toi qui me faisais rire, qui me défendais à l'école. Lorsque je m'étais fait agressée, tu étais tellement en colère et attristé par ce qui m'est arrivé que tu as tenté de rechercher mes agresseurs, puis tu m'as emmenée aux urgences. À l'école, j'étais « la petite sœur de Shems ». Tu es un grand frère très attentionné, drôle, gentil, avec un grand cœur. Et je t'aime fort.

Samia, on a grandi ensemble, on a juste deux ans d'écart, on jouait ensemble, on partageait la même chambre, je me souviens qu'on avait du papier peint rose à pois blancs. On s'était amusées une fois à passer une nuit blanche, on avait discuté toute la nuit. Tu as été et tu es une super sœur. Tu es très très attentionnée, gentille.

Toi aussi, Mia, tu as tenté de m'aider, mais j'ai refusé car j'avais tellement honte de moi, et d'aujourd'hui quand j'y pense, et j'y pense souvent, j'en ai encore honte. Pour moi, tu étais et tu es encore mon modèle. Tu as cette joie de vivre, ce beau sourire, cette gentillesse, et tu m'as donné beaucoup d'amour.

Fyfy, ma petite sœur, toi tu sais ce que je pense de toi. Tu es l'une des personnes auxquelles je me suis le plus confiée. Je n'oublierai jamais la période où on a dû être placées dans une autre famille d'accueil, c'était tellement dur. Tu me demandais tous les soirs de dormir dans mon lit, dans mes bras. Tu me disais : « Serre-moi fort dans tes bras, j'ai mal au cœur. » J'avais mal de te voir comme ça, j'avais peur de la suite, on était tellement mal chez cette famille, mais à l'époque je me disais que le principal c'était d'être ensemble. J'avais cette chance de pouvoir passer à la maison voir papa, maman en journée. Ils étaient tellement tristes et c'était tellement douloureux pour moi de les voir comme ça, sans pouvoir rien faire…

Lorsque tu as été placée en foyer, j'ai tellement regretté d'avoir dit à l'éducatrice ce qui se passait chez cette famille, car je ne voulais pas être séparée de toi, j'avais mal de te savoir seule et tu m'as tellement manqué… Et heureusement, dans ce foyer d'accueil, tu es tombée sur de belles personnes qui ne te voulaient que du bien et t'ont très bien accueillie. On pouvait passer te voir tous les jours. Je me souviens que je venais avec maman et on allait prendre le petit déjeuner avec toi avant de t'emmener à l'école. Aujourd'hui, ce n'est plus qu'un mauvais souvenir, tu as pu être adoptée et grandir avec ta famille qui t'aime tellement.

Maman et papa, vous êtes de super parents et de super grands-parents. Vous avez élevé vos propres enfants ainsi que des enfants de l'ASE. Vous avez donné et vous donnez encore tellement d'amour. Vous êtes des personnes en or.

Selon moi, pour faire ce métier, il faut être fort, avoir un grand cœur, être présent, attentionné, à l'écoute, patient, et vous l'êtes.

Concernant C., il a fait cette bêtise de partir du jour au lendemain, et durant plusieurs années, de ne donner aucune nouvelle à sa famille. Aujourd'hui, il le regrette car il sait qu'il a fait une énorme bêtise.

Merci d'être mes parents, et ma famille.

Je vous aime.

Septembre 2019

Bibliographie

Berger Maurice, *L'Échec de la protection de l'enfance,* Dunod, 2014

Créoff Michèle et Laborde Françoise, *Le Massacre des innocents : « les oubliés de la République »*, autopublication, 2018

Dollé Nathalie, en collaboration avec Tabib Hibat, *La Cité des Poètes : comment créer une dynamique de quartier face à la violence ?*, Le Temps des cerises, 1998

Romano Hélène et Izard Eugénie (dir.), *Danger en protection de l'enfance : dénis et instrumentalisations perverses,* Dunod, 2016

Kammerer Pierre, *Adolescents dans la violence : médiations éducatives et soins psychiques,* Gallimard, 2000

Oui Anne, *Guide de l'assistant familial,* Dunod, 2015

Rapport 2019 du Défenseur des droits : « Enfance et violence : la part des institutions publiques ». www.defenseurdesdroits.fr

Annexes

Le diplôme d'État d'assistant familial (DEAF) Niveau V – CAP/BEP

L'autorité responsable est le ministère chargé des affaires sociales.

L'assistant familial est un travailleur social qui exerce une profession d'accueil permanent à son domicile et dans sa famille de mineurs ou de jeunes majeurs de 18 à 21 ans. En cas de circonstances imposant une séparation entre parents et enfant, le fondement de la profession d'assistant familial est de procurer à l'enfant ou à l'adolescent, confié par le service qui l'emploie, des conditions de vie lui permettant de poursuivre son développement physique, psychique, affectif et sa socialisation.

L'assistant familial participe à la prise en charge des conséquences des troubles de la parentalité pour l'enfant et à la prévention de leur répétition. Il/elle contribue également à la lutte contre les exclusions dont peuvent être victimes les personnes ayant souffert de troubles importants durant l'enfance.

L'assistant familial exerce les fonctions suivantes :

- accueil de l'enfant et prise en compte de ses besoins fondamentaux,
- accompagnement éducatif de l'enfant,
- accompagnement de l'enfant dans ses relations avec ses parents,
- intégration de l'enfant dans sa famille d'accueil,
- travail en équipe.

La certification comprend :

- l'élaboration d'un dossier sur l'accueil et l'intégration de l'enfant dans la famille d'accueil suivi d'un entretien,
- une étude de cas sur l'accompagnement éducatif de l'enfant,
- une épreuve orale de communication.

Les accès :

- formation continue,
- VAE avec au moins trois ans d'expérience professionnelle bénévole ou associative en lien avec ce métier. Les acquis d'expérience peuvent valoir diplôme (arrêté du 14 mars 2006 relatif au diplôme d'État d'assistant familial, *Journal officiel* du 22 mars 2006).

L'agrément

Pour accueillir des enfants, il est nécessaire d'obtenir un agrément. La demande d'agrément est faite auprès du service de PMI du département. Le décret n° 2014-918 du 18 août 2014 fixe les critères d'agrément des assistants familiaux.

Critères d'agrément des assistants familiaux (extraits)

Article L.421-3 du Code de l'action sociale et des familles (CASF) modifié par la loi n° 2016-457 du 14 avril 2016 - art. 3

L'agrément nécessaire pour exercer la profession d'assistant maternel ou d'assistant familial est délivré par le président du conseil départemental du département où le demandeur réside.

Un référentiel approuvé par décret en Conseil d'État fixe les critères d'agrément.

Au cours de la procédure d'instruction de la demande d'agrément, le service départemental de protection maternelle et infantile mentionné au chapitre II du titre Ier du livre Ier de la deuxième partie du

Code de la santé publique peut solliciter l'avis d'un assistant maternel ou d'un assistant familial n'exerçant plus cette profession, mais disposant d'une expérience professionnelle d'au moins dix ans, et titulaire d'un des diplômes prévus par voie réglementaire.

La procédure d'instruction doit permettre de s'assurer de la maîtrise du français oral par le candidat.

L'agrément est accordé à ces deux professions si les conditions d'accueil garantissent la sécurité, la santé et l'épanouissement des mineurs et majeurs de moins de 21 ans accueillis, en tenant compte des aptitudes éducatives de la personne. Les modalités d'octroi ainsi que la durée de l'agrément sont définies par décret. Cette durée peut être différente selon que l'agrément est délivré pour l'exercice de la profession d'assistant maternel ou d'assistant familial. Les conditions de renouvellement de l'agrément sont fixées par ce décret. Sans préjudice des dispositions de l'article L.421-9, le renouvellement de l'agrément des assistants familiaux est, sous réserve des vérifications effectuées au titre du sixième alinéa du présent article, automatique et sans limitation de durée lorsque la formation mentionnée à l'article L.421-15 est sanctionnée par l'obtention d'une qualification.

Un arrêté du ministre chargé de la famille fixe la composition du dossier de demande d'agrément ainsi que le contenu du formulaire de demande qui, seul, peut être exigé à ce titre. Il définit également les modalités de versement au dossier d'un extrait du bulletin n° 2 du casier judiciaire de chaque majeur vivant au domicile du demandeur, à l'exception des majeurs accueillis en application d'une mesure d'aide sociale à l'enfance. L'agrément n'est pas accordé si l'un des majeurs concernés a fait l'objet d'une condamnation pour une infraction visée aux articles 221-1 à 221-5, 222-1 à 222-18, 222-23 à 222-33, 224-1 à 224-5, au second alinéa de l'article 225-12-1 et aux articles 225-12-2 à 225-12-4, 227-1, 227-2 et 227-15 à 227-28 du Code pénal. Pour toute autre infraction inscrite au bulletin n° 2 du casier judiciaire, il revient au service départemental de protection maternelle et infantile de juger de l'opportunité de délivrer ou non l'agrément.

Tout refus d'agrément doit être motivé.

Article L.421-6 du CASF modifié par la loi n° 2013-403 du 17 mai 2013 - art. 1 (V)

Lorsque la demande d'agrément concerne l'exercice de la profession d'assistant maternel, la décision du président du conseil départemental est notifiée dans un délai de trois mois à compter de cette demande. À défaut de notification d'une décision dans ce délai, l'agrément est réputé acquis.

Lorsque la demande d'agrément concerne l'exercice de la profession d'assistant familial, la décision du président du conseil départemental est notifiée dans un délai de quatre mois à compter de cette demande. À défaut de notification d'une décision dans ce délai, l'agrément est réputé acquis, ce délai pouvant être prolongé de deux mois suite à une décision motivée du président du conseil départemental.

Si les conditions de l'agrément cessent d'être remplies, le président du conseil départemental peut, après avis d'une commission consultative paritaire départementale, modifier le contenu de l'agrément ou procéder à son retrait. En cas d'urgence, le président du conseil départemental peut suspendre l'agrément. Tant que l'agrément reste suspendu, aucun enfant ne peut être confié.

Toute décision de retrait de l'agrément, de suspension de l'agrément ou de modification de son contenu doit être dûment motivée et transmise sans délai aux intéressés.

La composition, les attributions et les modalités de fonctionnement de la commission présidée par le président du conseil départemental ou son représentant, mentionnée au troisième alinéa, sont définies par voie réglementaire.

La commission est notamment consultée chaque année sur le programme de formation des assistants maternels et des assistants familiaux ainsi que sur le bilan de fonctionnement de l'agrément.

Référentiel de l'agrément

Annexe 4-9 créée par décret n° 2014-918 du 18 août 2014

RÉFÉRENTIEL FIXANT LES CRITÈRES DE L'AGRÉMENT DES ASSISTANTS FAMILIAUX PAR LE PRÉSIDENT DU CONSEIL GÉNÉRAL

L'assistant familial est la personne dont la mission consiste, moyennant rémunération, à accueillir habituellement et de façon permanente à son domicile des mineurs et des jeunes majeurs âgés de moins de 21 ans, séparés de leurs parents, et à prendre soin d'eux au quotidien. Son activité s'insère dans un dispositif de protection de l'enfance, un dispositif médico-social ou un service d'accueil familial thérapeutique.

Le service départemental de protection maternelle et infantile instruit les demandes d'agrément des assistants familiaux, qu'il s'agisse d'une première demande, d'une demande de modification ou d'une demande de renouvellement.

Les visites au domicile du candidat doivent concilier le respect de sa vie privée et la nécessaire protection des mineurs ou jeunes majeurs qu'il va accueillir.

Section 1 : les capacités et les compétences pour l'exercice de la profession d'assistant familial

• **Sous-section 1 :** les capacités et les qualités personnelles pour accueillir des mineurs ou des jeunes majeurs et les aptitudes éducatives du candidat

Il convient de prendre en compte la capacité du candidat à :

1. Observer, écouter et prendre en compte les besoins particuliers du mineur ou du jeune majeur accueilli pour favoriser son développement physique, affectif, intellectuel et social.

2. Proposer un cadre de vie favorisant la stabilité affective du mineur ou du jeune majeur accueilli.

3. Poser un cadre éducatif cohérent, structurant et adapté aux besoins du mineur ou du jeune majeur accueilli.

4. Adopter une attitude conforme à l'intérêt supérieur de l'enfant accueilli et avoir une attitude neutre et respectueuse vis-à-vis des parents et de la famille du mineur ou du jeune majeur accueilli.

5. Repérer et prévenir les risques liés aux comportements personnels ou familiaux susceptibles d'avoir une incidence sur la santé, la sécurité, le développement physique, affectif, intellectuel et social du mineur ou du jeune majeur accueilli.

6. Repérer et prévenir les dangers potentiels liés à l'habitat et à son environnement ou à la possession d'objets dangereux ainsi que les accidents de la vie courante, et à envisager le cas échéant les aménagements nécessaires en fonction de l'âge de l'enfant.

• **Sous-section 2 :** la connaissance du métier, du rôle et des responsabilités de l'assistant familial

Il convient de prendre en compte :

1. Les motivations du candidat et sa capacité à décrire son projet en tant que famille d'accueil ainsi que le degré d'adhésion des différents membres de la famille à ce projet.

2. La connaissance du rôle et de la fonction d'assistant familial.

3. La capacité du candidat à identifier et assumer ses responsabilités vis-à-vis du mineur ou du jeune majeur accueilli ainsi que le rôle et la place des parents dans le cadre de la prise en charge.

4. La capacité du candidat à s'inscrire dans une équipe professionnelle pluridisciplinaire autour du projet pour l'enfant ou le jeune majeur.

5. La capacité du candidat à se représenter ses responsabilités vis-à-vis des services du département, et de son employeur, en charge de son accompagnement, de son contrôle et du suivi de ses pratiques professionnelles, et à comprendre et accepter leur rôle.

6. La capacité du candidat à mesurer ses obligations au regard du secret professionnel attaché à ses fonctions.

• **Sous-section 3 :** la maîtrise de la langue française orale et l'aptitude à la communication et au dialogue

Il convient de prendre en compte :

1. La maîtrise de la langue française orale, obligatoire pour le suivi de la formation et l'établissement des relations, notamment avec l'enfant, sa famille, l'employeur, les services du département et les professionnels concernés par la prise en charge du mineur ou du jeune majeur.

2. L'aptitude à la communication et au dialogue nécessaires, notamment dans le cadre de la collaboration avec les services du département, l'employeur et les professionnels concernés par la prise en charge du mineur ou du jeune majeur.

• **Sous-section 4 :** la disponibilité et la capacité à s'organiser et à s'adapter à des situations variées

Il convient de prendre en compte la capacité du candidat à :

1. Concilier l'accueil du mineur ou du jeune majeur avec le mode de vie familial, notamment à offrir la disponibilité nécessaire au mineur ou au jeune majeur accueilli au regard de ses activités professionnelles, personnelles et de sa vie familiale.

2. S'organiser au quotidien, notamment pour l'accompagnement nécessaire du mineur ou du jeune majeur dans ses déplacements.

3. S'adapter à une situation d'urgence ou imprévue et à prendre les mesures appropriées.

4. Avoir conscience des exigences et des contraintes liées à l'accueil de mineurs ou de jeunes majeurs en situation de handicap ou atteints de maladie chronique.

Section 2 : les conditions d'accueil et de sécurité

Le domicile ainsi que son environnement doivent présenter des caractéristiques permettant de garantir la santé, le bien-être et la sécurité des mineurs ou des jeunes majeurs accueillis en tenant compte de leur nombre et de leur âge.

• **Sous-section 1 :** les dimensions, l'état du domicile, son aménagement, l'organisation de l'espace et sa sécurité

I. – Il convient de prendre en compte :

1. Le respect de règles d'hygiène et de confort favorisant un accueil de qualité : le domicile doit être propre, clair, aéré, sain et correctement chauffé.

2. L'adéquation entre les dimensions du domicile, le nombre et la destination des pièces, et l'accueil à titre permanent de mineurs ou de jeunes majeurs.

II. – En termes de sécurité, une vigilance particulière doit être apportée :

1. À la protection effective des espaces et des installations dont l'accès serait dangereux pour le mineur ou le jeune majeur, notamment les escaliers, les fenêtres, les balcons, les cheminées, les installations électriques ou au gaz.

2. À la sécurisation de l'accès aux objets dangereux, notamment les armes et les outils.

3. À la prévention des intoxications par le monoxyde de carbone attestée par la production des certificats d'entretien annuel des appareils fixes de chauffage ou de production d'eau chaude sanitaire.

• **Sous-section 2 :** l'environnement du domicile, la sécurité de ses abords

Il convient de prendre en compte :

1. Les risques de danger pour le mineur ou le jeune majeur liés à l'existence notamment d'une route, d'un puits ou d'une étendue d'eau à proximité du domicile et les mesures prises pour en sécuriser l'accès.

2. L'existence d'un dispositif de sécurité normalisé, obligatoire et attesté par une note technique fournie par le constructeur ou l'installateur, afin de prévenir les risques de noyade dans les piscines non closes dont le bassin est totalement ou partiellement enterré.

3. Les risques liés à l'utilisation des piscines posées hors sol.

• **Sous-section 3 :** la disposition de moyens de communication permettant de faire face aux situations d'urgence

Il convient de s'assurer :

1. De l'existence de moyens de communication permettant d'alerter sans délai les services de secours, les services compétents du département ainsi que l'employeur.

2. De l'affichage permanent, visible et facilement accessible des coordonnées des services de secours, des services compétents du département ainsi que de l'employeur.

• **Sous-section 4 :** la présence d'animaux dans le lieu d'accueil

Il convient de prendre en compte :

1. La capacité du candidat à repérer les risques éventuels encourus et à envisager les mesures nécessaires pour organiser une cohabita-

tion sans danger avec le mineur ou le jeune majeur accueilli en vue de garantir sa santé et sa sécurité.

2. La présence au domicile, ou à proximité immédiate, d'animaux susceptibles d'être dangereux, notamment de chiens de la première et de la deuxième catégorie.

• **Sous-section 5 :** la prise en compte de comportements à risques pour la santé et la sécurité du mineur ou du jeune majeur accueilli

Il convient de prendre en compte chez l'ensemble des personnes vivant au domicile les comportements susceptibles d'avoir une incidence sur la santé, la sécurité, le développement physique, affectif, intellectuel et social du mineur ou du jeune majeur accueilli.

• **Sous-section 6 :** les transports et les déplacements

Il convient de prendre en compte :

1. Les modalités d'organisation et de sécurité des sorties, en tenant compte de l'âge et du nombre de mineurs ou de jeunes majeurs accueillis.

2. La connaissance et l'application des règles de sécurité en vigueur pour les mineurs ou les jeunes majeurs transportés dans le véhicule personnel.

Le Défenseur des droits

Loi organique du 29 mars 2011 (extraits)

Il est compétent pour défendre et promouvoir l'intérêt supérieur et les droits de l'enfant définis par la loi ou par un texte international comme la Convention des droits de l'enfant. Sa première mission est de traiter les réclamations individuelles adressées par des personnes qui estiment que les droits de l'enfant n'ont pas été respectés. Il ne peut remettre en cause une décision de justice, mais il peut faire toutes les recommandations nécessaires pour garantir le respect des droits de l'enfant concerné et résoudre les difficultés présentées. Les mineurs eux-mêmes peuvent le saisir. Il peut se saisir d'office, par l'intermédiaire d'un député ou d'un sénateur.

TITRE IER : DISPOSITIONS GÉNÉRALES

Article 1 En savoir plus sur cet article...

Le Défenseur des droits est nommé par décret en Conseil des ministres, après application de la procédure prévue au dernier alinéa de l'article 13 de la Constitution. Il ne peut être mis fin à ses fonctions que sur sa demande ou en cas d'empêchement dans des conditions définies par décret en Conseil d'État.

Article 2 En savoir plus sur cet article...

Le Défenseur des droits, autorité constitutionnelle indépendante, ne reçoit, dans l'exercice de ses attributions, aucune instruction.

TITRE II : DISPOSITIONS RELATIVES AUX COMPÉTENCES ET À LA SAISINE DU DÉFENSEUR DES DROITS

Article 4 En savoir plus sur cet article...

Le Défenseur des droits est chargé :

1° De défendre les droits et libertés dans le cadre des relations avec les administrations de l'État, les collectivités territoriales, les établissements publics et les organismes investis d'une mission de service public ;

2° De défendre et de promouvoir l'intérêt supérieur et les droits de l'enfant consacrés par la loi ou par un engagement international régulièrement ratifié ou approuvé par la France ;

3° De lutter contre les discriminations, directes ou indirectes, prohibées par la loi ou par un engagement international régulièrement ratifié ou approuvé par la France ainsi que de promouvoir l'égalité ;

4° De veiller au respect de la déontologie par les personnes exerçant des activités de sécurité sur le territoire de la République.

Article 5

Le Défenseur des droits peut être saisi :

1° Par toute personne physique ou morale qui s'estime lésée dans ses droits et libertés par le fonctionnement d'une administration de l'État, d'une collectivité territoriale, d'un établissement public ou d'un organisme investi d'une mission de service public ;

2° Par un enfant qui invoque la protection de ses droits ou une situation mettant en cause son intérêt, par ses représentants légaux, les membres de sa famille, les services médicaux ou sociaux, ou toute association régulièrement déclarée depuis au moins cinq ans à la date des faits et se proposant par ses statuts de défendre les droits de l'enfant ;

3° Par toute personne qui s'estime victime d'une discrimination, directe ou indirecte, prohibée par la loi ou par un engagement international régulièrement ratifié ou approuvé par la France, ou par toute association régulièrement déclarée depuis au moins cinq ans à la date des faits se proposant par ses statuts de combattre les discriminations ou d'assister les victimes de discriminations, conjointement avec la personne s'estimant victime de discrimination ou avec son accord ;

4° Par toute personne qui a été victime ou témoin de faits dont elle estime qu'ils constituent un manquement aux règles de déontologie dans le domaine de la sécurité. Le Défenseur des droits peut être saisi des agissements de personnes publiques ou privées. Il peut en outre se saisir d'office ou être saisi par les ayants droit de la personne dont les droits et libertés sont en cause. Il est saisi des réclamations qui sont adressées à ses adjoints.

Article 6

La saisine du Défenseur des droits est gratuite. Elle est précédée de démarches préalables auprès des personnes publiques ou des organismes mis en cause, sauf lorsqu'elle est présentée au titre des compétences mentionnées aux 2° à 4° de l'article 4. La saisine du Défenseur des droits n'interrompt ni ne suspend par elle-même les délais de prescription des actions en matière civile, administrative ou pénale, non plus que ceux relatifs à l'exercice de recours administratifs ou contentieux.

Article 7

Une réclamation peut être adressée à un député, à un sénateur ou à un représentant français au Parlement européen, qui la transmet au Défenseur des droits s'il estime qu'elle appelle son intervention. Le Défenseur des droits informe le député, le sénateur ou le représentant français au Parlement européen des suites données à cette transmission. Les membres du Parlement peuvent, de leur propre initiative, saisir le Défenseur des droits d'une question qui leur paraît appeler son intervention. Sur la demande de l'une des commissions permanentes de son assemblée, le président de l'Assemblée nationale ou le président du Sénat peut transmettre au Défenseur des droits, dans les domaines de sa compétence, toute pétition dont l'Assemblée a été saisie. Le Défenseur des droits instruit également les réclamations qui lui sont transmises par le Médiateur européen ou un homologue étranger et qui lui paraissent relever de sa compétence et appeler son intervention.

Article 8

Lorsqu'il se saisit d'office ou lorsqu'il est saisi autrement qu'à l'initiative de la personne s'estimant lésée ou, s'agissant d'un enfant, de ses représentants légaux, le Défenseur des droits ne peut intervenir qu'à la condition que cette personne (ou, le cas échéant, ses ayants droit) ait été avertie et ne se soit pas opposée à son intervention. Toutefois, il peut toujours se saisir des cas lui paraissant mettre en cause l'intérêt supérieur d'un enfant et des cas relatifs à des personnes qui ne sont pas identifiées ou dont il ne peut recueillir l'accord.

TITRE III : DISPOSITIONS RELATIVES À L'INTERVENTION DU DÉFENSEUR DES DROITS

Chapitre II : dispositions relatives aux moyens d'information du Défenseur des droits

Article 18 En savoir plus sur cet article...

Le Défenseur des droits peut demander des explications à toute personne physique ou morale mise en cause devant lui. À cet effet, il peut entendre toute personne dont le concours lui paraît utile. Les personnes physiques ou morales mises en cause doivent faciliter l'accomplissement de sa mission. Elles sont tenues d'autoriser leurs agents et préposés à répondre à ses demandes. Ceux-ci sont tenus de répondre aux demandes d'explications qu'il leur adresse et de déférer à ses convocations. Les convocations doivent mentionner l'objet de l'audition. Lorsque le Défenseur des droits est saisi, les personnes auxquelles il demande des explications peuvent se faire assister du conseil de leur choix. Un procès-verbal contradictoire de l'audition est dressé et remis à la personne entendue. Si le Défenseur des droits en fait la demande, les ministres donnent instruction aux corps de contrôle d'accomplir, dans le cadre de leur compétence, toutes vérifications ou enquêtes. Ils l'informent des suites données à ces demandes.

Convention internationale relative aux droits de l'enfant de 1989 (extraits)

Préambule

Les États parties à la présente Convention,

– convaincus que la famille, unité fondamentale de la société et milieu naturel pour la croissance et le bien-être de tous ses membres et en particulier des enfants, doit recevoir la protection et l'assistance dont elle a besoin pour pouvoir jouer pleinement son rôle dans la communauté ;

– reconnaissant que l'enfant, pour l'épanouissement harmonieux de sa personnalité, doit grandir dans le milieu familial, dans un climat de bonheur, d'amour et de compréhension ;

Première partie

Article 1er

Au sens de la présente Convention, un enfant s'entend de tout être humain âgé de moins de 18 ans, sauf si la majorité est atteinte plus tôt en vertu de la législation qui lui est applicable.

Article 3

1. Dans toutes les décisions qui concernent les enfants, qu'elles soient le fait des institutions publiques ou privées de protection sociale, des tribunaux, des autorités administratives ou des organes législatifs, l'intérêt supérieur de l'enfant doit être une considération primordiale.

3. Les États parties veillent à ce que le fonctionnement des institutions, services et établissements qui ont la charge des enfants et assurent leur protection soit conforme aux normes fixées par les autorités compétentes, particulièrement dans le domaine de la sécurité et

de la santé et en ce qui concerne le nombre et la compétence de leur personnel ainsi que l'existence d'un contrôle approprié.

Article 9

3. Les États parties respectent le droit de l'enfant séparé de ses deux parents ou de l'un d'eux d'entretenir régulièrement des relations personnelles et des contacts directs avec ses deux parents, sauf si cela est contraire à l'intérêt supérieur de l'enfant.

Article 12

1. Les États parties garantissent à l'enfant qui est capable de discernement le droit d'exprimer librement son opinion sur toute question l'intéressant, les opinions de l'enfant étant dûment prises en considération eu égard à son âge et à son degré de maturité.

Article 13

1. L'enfant a droit à la liberté d'expression. Ce droit comprend la liberté de rechercher, de recevoir et de répandre des informations et des idées de toute espèce, sans considération de frontières, sous une forme orale, écrite, imprimée ou artistique, ou par tout autre moyen du choix de l'enfant.

2. L'exercice de ce droit ne peut faire l'objet que des seules restrictions qui sont prescrites par la loi et qui sont nécessaires.

Article 16

1. Nul enfant ne fera l'objet d'immixtions arbitraires ou illégales dans sa vie privée, sa famille, son domicile ou sa correspondance, ni d'atteintes illégales à son honneur et à sa réputation.

2. L'enfant a droit à la protection de la loi contre de telles immixtions ou de telles atteintes.

Remerciements

Je garde le meilleur pour la fin.

Je voudrais témoigner toute ma gratitude à la PMI (Protection maternelle et infantile) dont la vocation est de protéger les mères et les enfants.

En ce qui me concerne, cette belle institution a su être, avec son équipe de Pierrefitte, une source de réconfort.

J'y ai trouvé l'appui nécessaire pour surmonter l'épreuve infligée à notre famille grâce à l'écoute que j'y ai trouvée et la bienveillance qui m'a été témoignée.

J'ai réussi à rester debout et à supporter les accusations et leurs conséquences, en particulier la séparation d'avec notre fille.

Je voudrais aussi remercier les éducatrices que j'ai rencontrées tout au long de mon parcours avec l'ASE, qu'elles soient jeunes ou chevronnées.

Je pense en particulier à Bianca avec qui j'ai travaillé ces dernières années, nouvelle dans le métier et pourtant si efficace, et si disponible en toutes circonstances.

Je voudrais citer à nouveau celle qui était en charge de notre petit garçon autiste. Son expérience, son écoute, son implication sans faille ont été infiniment précieuses.

Je n'oublie pas le soutien du médecin de la PMI, de la psychologue de l'ASE et de Mme Chantal Pollet, éducatrice qui m'a tant épaulée, soutenue, écoutée et encouragée.

Merci, Madame Pollet, vous êtes une belle personne, humaine, courageuse, professionnelle. Nos métiers nous unissent et notre confiance est réciproque.

Accueillir et soigner des enfants est une formidable aventure humaine. Merci à chacun.

Sabiha El Khalfaoui

Merci aussi à Alice Breuil pour sa relecture et ses conseils.

Vos témoignages sont les bienvenus pour enrichir une prochaine édition.
Contact : sabihafabienne93@outlook.fr